大学生の職業意識とキャリア教育

谷内篤博

will
can
must

勁草書房

欲がない」「仕事をすぐやめてしまう」「根気がない」など、責任の多くは若者にあるとする意見や考え方が根強い。つまり、若者をめぐる雇用問題は彼らの職業意識の欠如や職業意識が低下したせいだとされるケースが多い。

しかし、若者をめぐるこのような雇用問題を単に彼らの職業意識の低下が原因と短絡的に片づけていいのであろうか。フリーター、新卒無業者の増加や若年者の高い失業率は、不況による雇用量の減少と中高年者に対する雇用維持の代償として雇用機会が喪失したことがその主な原因と考えられている。

本書はこのような認識を前提に、若年者雇用問題を、主に大学生に焦点をあて、その職業意識が変化する姿をとらえ、それにともない学生自らの就職活動や企業の採用活動がどのように変化しているのかを論じる。

また、同時にフリーターや新卒無業者の増加、高い失業率の原因を彼らの職業意識の低下に短絡的に結びつけるのではなく、彼らをとりまく雇用環境といったマクロ的視点からの分析を行なった。具体的にはまず、若者をめぐる雇用・失業状況の実態を踏まえた上で、彼らの雇用機会が減少する要因を多角的な視点から分析するといったアプローチをとっている。

さらに、フリーター、新卒無業者などが多く存在する社会を超えた新しい社会に向けて、キャリア教育の重要性、学校から社会へのスムースな移行、それらを可能とする教育システムの変革が必要不可欠であることを論じた。そのためには、教育機関、特に大学における就職指導やキャリア教育のあり方、就職部の役割・機能といったものが変わっていかなければならない。本書では、大学に求められるキャリア教育や就職部のあり方について一定の方向性を示すとともに、キャリア教育のあり方についても先進的な大学の事例をとりあげ、その具体的な展開方法を紹介する。

ところで、本書の最大の特徴は、大学教員による学生に対する就職指導の実際を紹介している点にある。新卒無業や大卒フリーター問題がクローズアップされて以降、大学生の就職に関する書籍が徐々に出版されつつある。しかし、それらの多くは内容が実態調査の分析を中心とするものであったり、あるいは若年者雇用問題をめぐる国に対する政策提言が主なものである。

本書は、大学生の就職に関するこうした書籍とはやや趣を異にしており、私のゼミの学生や卒業生に対する就職指導やキャリア・カウンセリングの実際について詳しく記述した。大卒フリーターや新卒無業者を発生させないためには、大学全体としてのキャリア教育とこうした大学教員によるきめ細かいフォローが重要と思われる。本書を執筆するにあたり、キャリア・カウンセリングの内容の掲載を快諾してくれた九名の学生・OGの皆さんにあらためて感謝したい。

こうして完成した本書が大学生の就職と採用、若年者の雇用問題に関わるさまざまな人々に、具体的には就職活動をひかえた大学生、高校・大学の進路担当者および就職指導者、企業の採用担当者、キャリア・カウンセラー、保護者の方々にお読みいただき、議論していただくことを念じてやまない。

最後に、本書の出版にあたって、仲介の労をおとりいただいた文京学院大学の山下泰子教授、出版事情が厳しいなか、本書の企画・進行をお引き受けいただいた勁草書房編集部の町田民世子氏に記して厚く御礼を申し上げたい。

また、私のこれまでの研究生活を支えてくれた両親と家族に謝意を表したい。

二〇〇五年六月

谷内　篤博

大学生の職業意識とキャリア教育／目　次

第一章　就職環境の変化と大学生の就職活動

1　就職環境の変化と就職率の推移

就職は大学生にとっての最大のイベントであり、かつてはいい企業を選択し、そこに勤めることが将来の成功のシンボルとさえ考えられていた。しかし企業をとりまく環境が激変する現在では、企業の寿命三〇年説に代表されるように、卒業時に選択した企業が必ずしもいい企業であるとの保証はなく、結果として将来の成功のパスポートにはなりえない場合すら出てきている。

とは言え、偏差値序列や画一的教育体制のなかで育った現代の大学生にとっては、人気企業や大企業に入社することが、大学生活における優秀者ないしは勝者としての称号を獲得することにつながる点から、大学四年間における最大の関心事となっている。学生の就職や採用をめぐる環境は、

図表1-1　新卒（大卒）無業者の推移

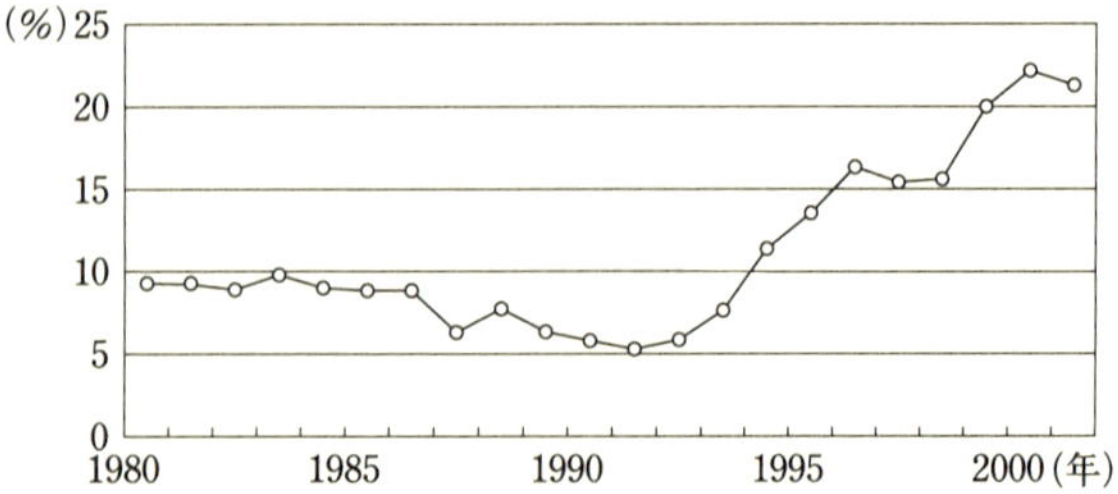

出所：文部科学省「学校基本調査」

バブル経済崩壊後、たいへん厳しさを増しつつあり、一九九四年には女子学生の就職に対して「超」氷河期という言葉がマスコミに登場しはじめた。

文部科学省「学校基本調査」によれば、二〇〇一年春の大卒者のうち、約五人に一人、つまり二一・三%が就職も進学もしていない、いわゆる無業者である。こうした新卒無業者[1]はバブル崩壊前後の一九九一年にはわずか五・二%であったものが、この一〇年間でなんと約四倍にも増加している（図表1-1）。このような新卒無業者の増加傾向は、若年層の一〇%前後にもおよぶ失業率の高さとも符合するものとなっている。言い換えるならば、若年層の失業率の高まりが新卒無業者を生み出していると考えられる。

フリーターの出現

新卒無業者の増加とともに、大卒フリーターも増加しつつある。フリーターという言葉は、一九八七年、「フリー・アルバイター」を意味するものとして、アルバイト情報誌『フロム・エー』によって造られたものである。当初は夢を追いつづけるために定職に就かない若者を意味していたのに対し、バブル経済崩壊後の就職環境悪化の影響を受けてか、現在ではむしろ正社員になれずアルバイトで生活を維持している若者を意味するようになってしまった感がある。

フリーターに関しては、厚生労働省などの多くの定義があり、一様ではないが、内閣府の定義が最も包括的で実態に即したものとなっている。内閣府「国民生活白書」(平成一五年度版)によれば、フリーターとは、一五〜三四歳の年齢層(学生と主婦を除く)のうち、パート・アルバイト(派遣等を含む)および働く意志のある無職の人と定義されており、その数は一九九〇年の一八二万人から二〇〇一年には四一七万人に急増しつつある。

従来はこうしたフリーターになる人びとは、学歴水準が低く、つまり中卒ないしは高卒で、性別としては女性に多いとされてきた(2)。

しかし、リクルートワークス研究所の分析によれば、大学進学率の高まりと大学生の就職をとりまく環境の悪化の影響を受けて、大卒フリーターが増加しつつある(図表1-2)。図表1-2からも明らかなように、フリーターが認識されはじめた一九八七年には、わずか五六、三〇〇人であったものが、バブル経済崩壊後の一九九四年にはほぼ倍増し一〇万台を突破した。それ以降も徐々に増加し、二〇〇〇年には二〇万台を一時的に突破するも、一九九九年以降は一八万人前後の高い水準で推移している。二〇〇三年度の大卒フリーターは一八〇、九八二人であるが、これは同年度の大卒・短大卒業生(六五二、八四一人)の二七・七%にあたり、卒業生の約四人に一人の割合となる。

こうした大卒フリーターは、文部科学省「学校基本調査」における大学・短大卒業生のうち、「一時的な仕事に就いたもの」と、「左記（進学者・就職者・臨床研修医・一時的な仕事に就いた者）以外のもの」を合計し算出されたものである。男女比では女性が過半数を占めているものの、ここ数年においては男性の比率がわずかながら上昇している（図表1-3）。ここにも就職の厳しさが読みとれる。

ニートの増加

さらに、最近ではわが国においても、就職にも進学にも希望を失った若者の存在が認識されはじめ、Not in Education, Employment, or Training の頭文字をとって「NEET（ニート）」と呼ばれるようになった。ニートは、一九九九年にイギリスの内閣府が作成した"Bridging the Gap"という調査報告書により、その存在が広く知られるようになったもので、教育、雇用、職業訓練のいずれもしない若者を指す(3)。玄田（二〇〇四）によれば、このようなニート（一五~二四歳）は、二〇〇三年度で一六一万人存在し、その内訳は「失業者」が七二万人、「就職も進学もしない人々」が八九万人となっている。八九万人には、「就職しようとすることに希望を失った若者」四〇万人が含まれており、一九九七年から二〇〇三年のわずか六年間に、なんと五倍に増加していることが指摘されている。

図表1-2　大卒者のフリーター数および就職率の推移

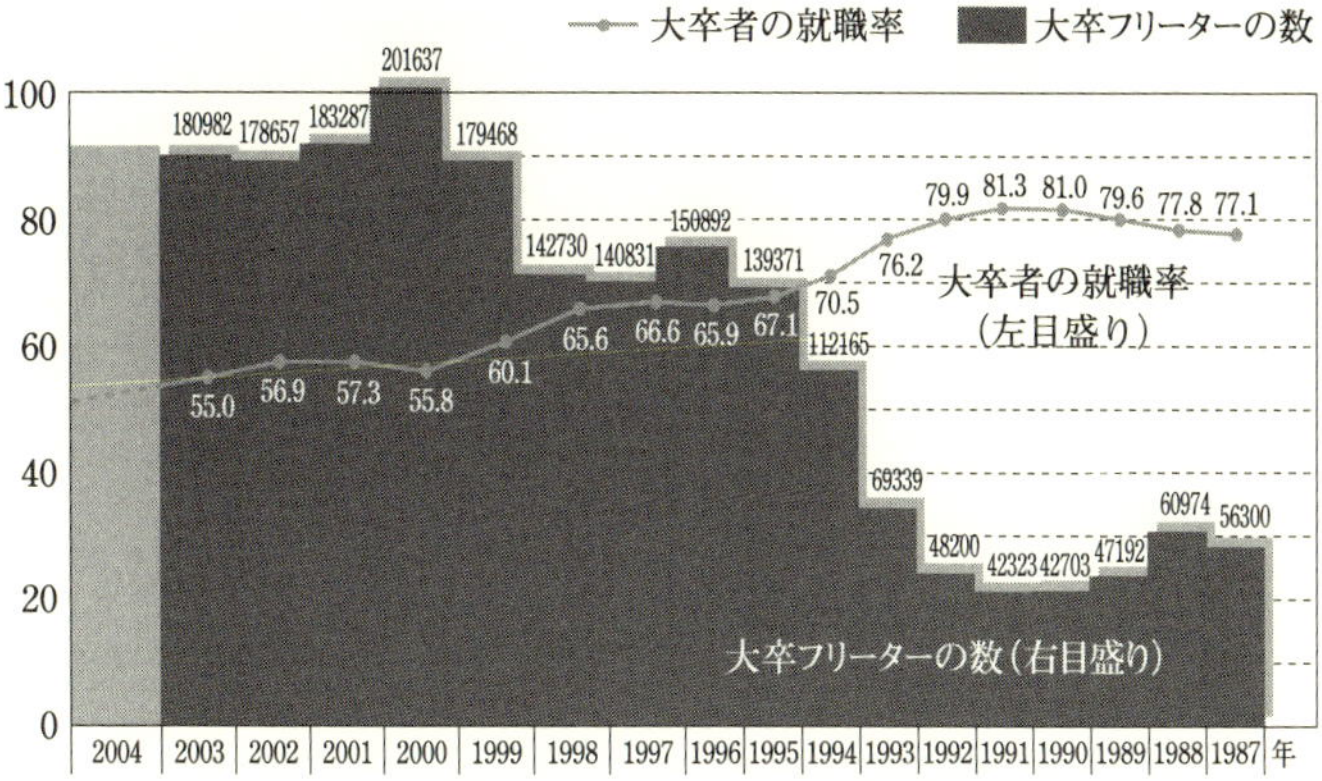

資料出所：リクルートワークス研究所『Works』Aug.- Sep.65, 14-15頁

図表1-3　大卒フリーターの内訳

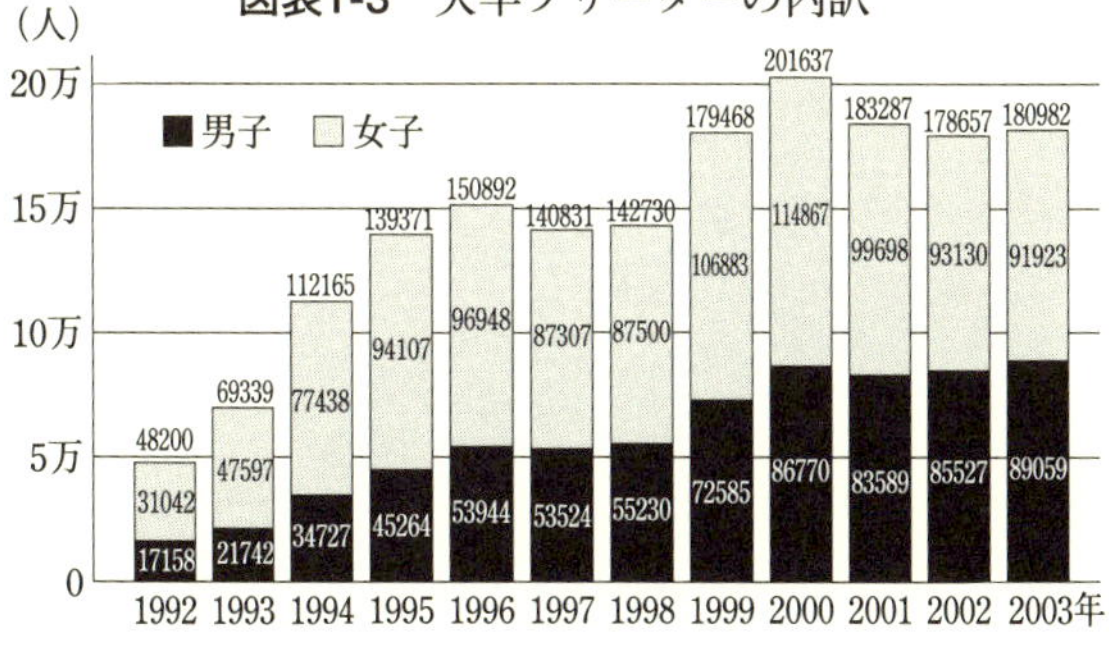

資料出所：リクルートワークス研究所『Works』Aug.- Sep.65, 16頁

図表1-4　ニートの学歴別分類

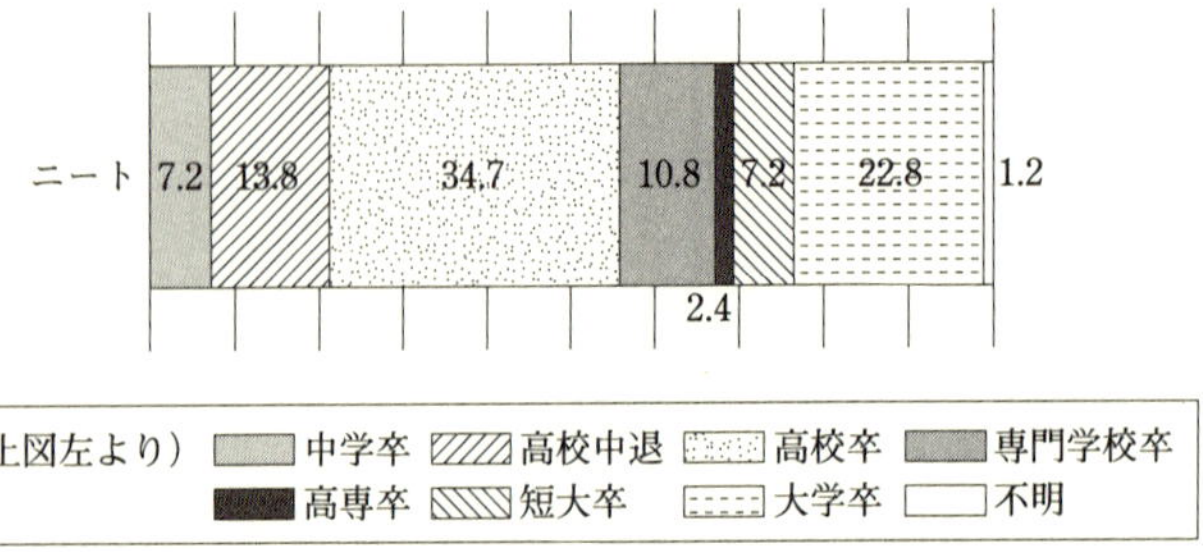

出所：玄田有史・曲沼美穂『ニート』幻冬社，2004年，33頁

ニートを学歴別にみると、図表1-4からもわかるように、中学校卒、高校中退、高校卒で過半数を超え、大学卒は二二・八%と全体の約五分の一である。この数値は、銀行系のシンクタンクであるＵＦＪ総合研究所が、国（厚生労働省）の委託を受けて二〇〇三年に、一八歳から三五歳未満の現在無職の人々に対して行なった調査結果に依拠したもので、わが国におけるニートの実態にせまるものである。

こうした新卒無業者、大卒フリーター、ニートの増加からもわかるように、大学生の就職をとりまく環境は厳しさを増しており、就職率は年々悪化傾向にある。「就職氷河期」という言葉が流行語大賞を受賞して以降、数年が経過している現在においても、その環境が好転する気配が感じられない。

大学生の就職率

大学生の就職率に関しては、二つの概念があり、それぞれの意味するものが異なる。一つは文部科学省の「学校基本調査」によって毎年公表される「就職率」で、卒業者に対する就職者の割合

図表1－5　新規学卒者の内定率の推移

卒業年月	短大卒＊	大学卒
1997年3月	90.5	94.5
1998年3月	86.6	93.3
1999年3月	88.4	92.0
2000年3月	84.0	91.1
2001年3月	86.8	91.9

＊短大卒は女子学生のみ。

資料出所：日本労働研究機構『労働経済白書（平成13年版）』30頁

を表したものである。図表1－2からわかるように、二〇〇三年度の就職率は五五・〇％で史上最低の数字となっており、バブル最終期の一九九一年の八一・三％と比較すると、二五％以上の落ち込みである。まさに、大学生をめぐる労働市場の需給バランスが大きく崩れ、供給（就職希望者）が需要（企業の求人数）を大きく上回って、大学生がオーバーフローしている実態がわかる。

もう一つは厚生労働省が発表する「内定率」で、就職希望者に対する就職者の割合を表したものである。内定率は月を追って上昇する性格を有するため、卒業時の三月の数値をもって内定率とする。二〇〇一年三月の内定率は五年前の一九九七年と比較し、短大卒で三・七ポイント下がり八六・八％、大学卒で二・六ポイント下がり九一・九％である（図表1－5）。文部科学省の就職率ほどの著しい落ち込みはないものの、わずかながら低下している。

2　新卒無業者、大卒フリーター、ニート発生

ところで、こうした厳しい就職をめぐる環境のなかでも、三社も四

社もの内定を楽に取れる学生がいる一方で、一社からの内定もとれずに、新卒無業者、大卒フリーター、ニートの予備軍ともいうべき学生が存在する。こうした両者の違いは何によってもたらされるのであろうか。

大学生の多くは、就職活動の中での自分を正当化したり、自信喪失を克服する観点から、就職活動を運と縁の結果ととらえがちである。就職活動は大学生がこれまでに経験してきた最初の壁ともいうべき大学受験とは大きく異なっており、大きなとまどいを感じている。その違いとは努力が報われるかどうかにあり、受験戦争は少子化の影響もあってか自分の努力が比較的報われやすい。つまり、受験勉強と大学合格との間に正の相関が成り立ちやすい。しかし就職活動はそうした単純な図式では成り立っておらず、自分なりの明確な職業観やキャリア・ビジョン、的確な自己分析、さらには入りたい会社が属している業界の研究などが前提となっており、その上に会社が必要する人材像とのマッチングや面接官との相性など多くの要素が絡んでくる。そこに就職活動の難しさがある。

前述した新卒無業者や大卒フリーター、ニートの発生は、厳しい就職環境といった外的要因のみならず、大学生の就職観や職業意識、自分の将来のキャリア・イメージなど、大学生個人の内面、つまり内的要因にも大きな原因があるものと思われる。

なぜステージからおりてしまうのか

そこで次に、新卒無業者や大卒フリーター、ニートがなぜ発生するのか、言い換えるならばなぜ大学生を含めた若者は就職戦線への参加を取りやめたり、就職活動という将来に向けたステージから下りてしまうのかを、大学生の内的要因の視点から分析してみたい。

リクルート・ワークス研究所の大久保幸夫らは、大学生に対するヒアリングをベースに、就職戦線への参加を取りやめるパターンを大きく四段階に分けて説明している（大久保、二〇〇二）。

まず第一段階は「高校から大学への接続の時点」である。これは高卒時点で本来ならば就職を希望した学生が、高卒をめぐる就職環境の厳しさ、少子化等にともなう大学入学の容易さなどから、大学進学をしてみたものの、学習目標の喪失から大学生活から遠ざかってしまうことを意味している。高卒をめぐる就職環境の厳しさとFランク大学の増大といった外的要因と、学習目標をもたないまま大学進学をしてしまう内的要因がその主な要因と考えられる。

第二段階は「就職活動が始まる時点」である。自分なりの将来のキャリア・ビジョンや職業観などが構築できず、就職戦線のスタートラインに立てない。したがって、大学が主催する就職ガイダンスや就職セミナーなどには当然参加せず、問題を先送りしてしまう。

第三段階は「就職戦線の途中でのリタイア」である。これには大きく二つのタイプがある。まず一つ目は、実際の就職活動を通じて第一志望の会社に入れないため、妥協してまで就職しなくていいとするタイプである。もう一つのタイプは、何社かの面接試験でなかなか合格できないため、自信を失い就職戦線から離脱するタイプである。

最後は「就職戦線の終盤」である。自分なりに努力しているにもかかわらず、なかなか内定がもらえず、内定をもらっている学生との間に距離感を感じ始め、取り残された感覚から就職活動を取りやめてしまう。

このように、新卒無業者や大卒フリーター、ニートの発生や就職戦線からの離脱は、段階的な違いがあるものの、共通しているのは学生本人の「やめる」「あきらめる」「おりる」といった自らの意志が大きな要因となっている。

そこで、次に現役の大学四年生の実際の就職活動を通して、どのようにキャリア・デザインをしているのか、何が就職活動成功の決め手になるのか、さらには就職戦線の離脱はどの段階で起きやすいのかを見てみたい。

3　現役学生の就職活動

ここでは私が担当するヒューマン・リソース・マネジメント・ゼミの四年生三人に登場してもらい、彼女らに対するヒアリングおよびキャリア・カウンセリングからその就職活動の実際と職業意識をさぐってみることとする。ヒアリング対象者が女子学生であるのは、私が勤務する大学が女子大であることに起因している（ただし、平成一七年四月以降は共学化した）。

成功したケース（Aさんの場合）

まず一人目は就職活動においてまさにサクセス・ストーリーを描いた学生のケースである。Aさんは就職戦線スタート早々の二月に、人材ビジネスを展開している会社（東証一部上場企業）に、七月には大手コンサルティング会社の二社に内定し、最終的にはコンサルティング会社に入社する予定である。

Aさんの就職活動の成功は、大学および学部選択の段階からすでにはじまっていた。Aさんは大学受験の段階から、社会に出てから役に立つ学問がしたい、企業経営に関する勉強がしたい、などの理由から経営学部受験を決めており、そうした意味においては本学への入学は希望学部への入学であった。こうした経営学部への強い志向性は、Aさんの高校時代のバイト経験が大きく影響しており、バイト先（パンの販売店）での棚卸しや発注業務、さらにはバイトシフトの管理などを全面的に任され、マネジメントの重要性や難しさに関心をもったことが大きな要因となっている。

こうした学部選択における強い志向性に裏打ちされた本人は、入学後も将来、人を使う立場になりたいとの夢の実現に向け、必要とする科目群やゼミを選び、着実にステップアップしてきた。特に、ゼミの選択に関しては、人材マネジメントにおける専門性を習得することと、学生時代に自分を鍛える目的で、敢えて厳しい私のゼミを選択したようである。

また、大学三年次の夏期休暇においては、単位取得が可能なインターンシップにも参加し、臨場的に働くということを体験している。インターンシップ先は銀行系のシンクタンクで、実習内容は企業研修で活用する教材の入力業務や、調査データの入力・分析、さらには実際の企業研修の見学などから成り立っている。本人はこうしたインターンシップ先の体験学習を通して、迫りくる就職活動における職業観や職業意識を形成することができるようになった。その職業観とは、「単なる事務で終わりたくない、できれば人材ビジネスにおけるプロフェッショナルになりたい」といったもので、その後の就職活動をナビゲートする大きなキャリア・アンカーとなった。

Aさんの就職活動は、こうしたインターンシップを通して明確になった職業観とゼミで学んだ人材マネジメントに関する専門性をベースに、三年次の二月上旬から展開された。訪問した企業は一〇社で、内二社から内定を獲得することができた。内定した二社はいずれも本人の第一志望群（人材ビジネス関連）に属する企業で、いずれも業界トップ企業である。残り八社もいずれも面接はかなりいい段階まで進んでおり、就職活動に対する本人の満足度はかなり高い状態にある。

本人へのヒアリングを通して明らかになったことは、Aさんが考える就職活動成功の秘訣としては、「就職したい」という意志の強さと真剣さ、「プロフェッショナルに対する強い憧れ」、「ゼミでの学習内容」、さらには「インターンシップを通しての体験学習」の四つの要因があげられる。

こうした四つの要因に、新たに成功要因を付け加えるならば、本人の職業志向性と選択した企業がマッチングしていたことがあげられる。私のゼミでは、学生すべてにリクルート社のR-CAP(4)(RECRUIT Career Assessment Program の略）およびシャイン（Schein, E. H.）のキャリア・アンカー(5)の診断を行なっており、それをベースに学生一人ひとりにキャリアカウンセリングを施してい

図表1-6　キャリア・アンカーの結果

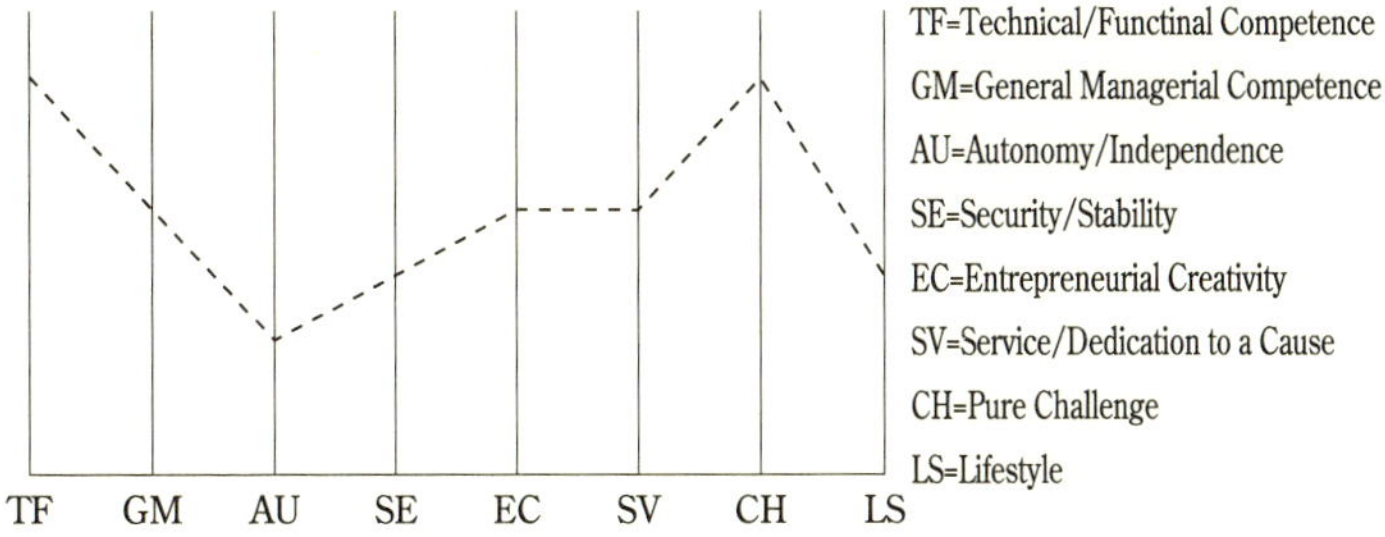

る。本人のキャリア・アンカーの結果は図表1-6のとおりである。キャリア・アンカーの診断結果からわかることは、本人のキャリア・アンカーとしては専門性を重視するTFとチャレンジ精神を表すCHが他の項目に比してかなり高く、高い専門性をもって、困難な問題にチャレンジするような仕事に向いており、経営コンサルントなどが適職と考えられる。本人が内定したのは大手コンサルティング・ファームで、職業志向性と職業選択がまさに一致したようである。R-CAPにおける適職も、営業や経営企画、コンサルタントなどが向くと診断されており、同様の結果を得ている。

苦戦しているケース（Bさんの場合）

二人目は就きたい職業や自分のキャリア・ビジョンが定まらず、就職活動で非常に苦戦している学生のケースである。現段階（平成一七年一月）では、本人はいまだどこの企業からも内定を獲得していない。

まず、Bさんの大学受験の経緯から見ていきたい。本人はある大学の付属高校出身者で、希望すればそのまま系列の大学に進学が可能であったが、大学の所在地が遠いとの理由から、他大学受験を選択した。当初は進路指導教員のアドバイスを受け、比較的偏差値が高い都心にある大学の経済学部を推薦入試で受験するも不合格となり、再度進路指導のアドバイスにより本学経営学部を推薦入試で受験し、合格をする。経営学部を選択したのは、母親の実兄が建築会社を経営しており、小さいときから会社経営に興味があったことが要因となっている。しかし、こうした学部選択の理由は今回のヒアリングを通してはじめて本人に意識された感があり、大学受験は進路指導担当教員のアドバイスが大きな決め手になっているようである。したがって、大学入学当初においては具体的な学習目標や将来に向けたキャリア・ビジョンといったものはなかったようである。

私のゼミを選択したのは、明確に学びたいものがあるというよりも、新しいゼミ生募集に向けた公開ゼミにおける先輩学生達のプレゼンテーションを見て、ああなりたいという一種の憧れが引き金となっている。したがって当然、ゼミの選択と自分の将来の職業選択とは何の関連性もなかったようである。

Bさんの就職活動は、他のゼミ生たちよりもかなり遅く、三年次の三月よりスタートしたが、Bさんのこれまでの就職活動を振り返るならば、志望する業界の度重なる変更が大きな特徴である。就職活動のスタートが遅れたのは、自分のやりたい仕事がわからず、業界の絞り込みができなかったことと、問題を先送りする回避的行動が主な原因で、それが志望先の度重なる変更につながったものと思われる。

図表1-7　キャリア・アンカーの結果

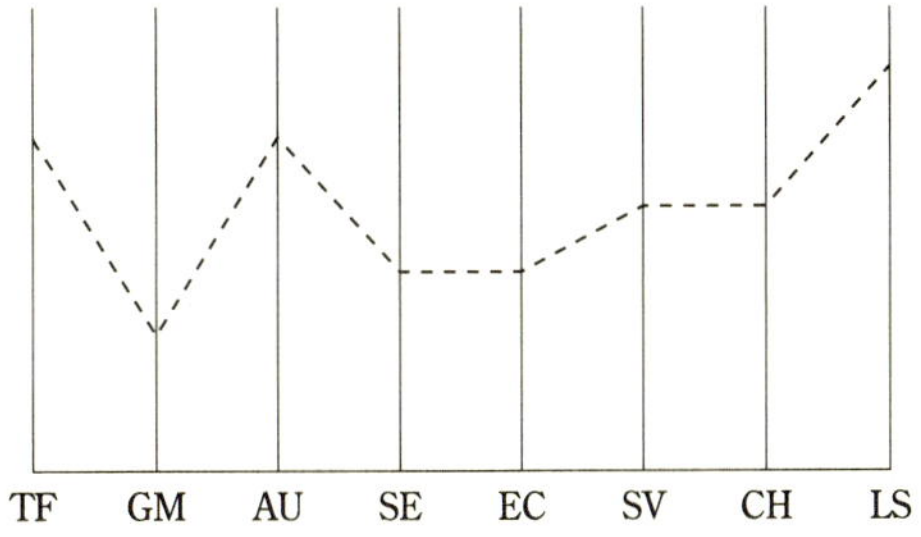

就職活動スタート当初の三月は食品業界にターゲットをしぼり、就職活動が展開された。訪問した企業数は、食品業界の大手企業を中心に一〇社程度で、一社のみ面接試験を受けることができた。食品業界にターゲットをしぼったのは、〝食べることに興味があった〟、「何か新しいものを作り出したい」という本人の職業志向性を満たすことが可能な業界と考えられたからである。つまり、食品業界で好きな食品を開発する仕事に就きたいというわけである。

ここで、本人のキャリア・アンカーの診断結果を見ておきたい。キャリア・アンカーの診断結果からわかることは、ＬＳがきわめて高く、仕事生活と非仕事生活の調和をはかるとともに、高度な専門性（ＴＦ）をもって、自主的な仕事が遂行できるような仕事（ＡＵ）に向いている。しかし、その一方で本人の志向性とは裏腹に、ＥＣのスコアが低く、新しいものを生み出すといった創造的な仕事には適していないという診断結果が出ている。Ｒ－ＣＡＰの診断においても、社交・ホスピタリティ志向や対人・接客志向の仕事が向いているとの診断がなされており、創造的な仕事や開発の仕事には向くとの診断はなされていない。

次に、本人は四月以降、生命保険業界にターゲットをしぼって就職活動を展開した。訪問した企業数は大手生命保険会社を中心に5社程度で、面接にのぞんだのは内、二社でいずれも不合格という結果であった。生命保険業界を選んだのは、ある生命保険会社のホームページにおいて、先輩社員の体験談が掲載されており、「お客様の生命をあずかる大切な仕事」というメッセージに共感し、受けることを決めた。しかし、生命保険に関する業界研究や生命保険会社の社会的存在意義、さらにはそこで働くということの意味を明らかにすることなく、インターネット情報に基づく印象やイメージにより業界選択を行なったため、結果は不合格であった。特に、生命保険会社は最初のセレクションの手段として筆記試験を行なうことが多く、本人はその筆記試験がクリアできなかった。

その後、四月後半から五月にかけては、信用金庫を中心に就職活動を展開。信用金庫にターゲットをしぼったのは、「お客様との信頼関係を大切にしたい」、「地域に貢献したい」といった職業観に基づくものであるが、どちらかと言えば信用金庫を受けるための後追い的な職業観としての色彩が強い。実際、その後の就職活動において地域貢献的な企業群を受けたという事実はない。信用金庫で面接を受けたのは二社のみでいずれも不合格であった。

さらに、六月以降は一般事務職に限定し、業界を特定せず、一〇社程度会社訪問をし、いずれも不合格であった。その後、自信を喪失し、一時的に就職活動を中断してしまう。

このように、彼女の就職活動は、インターネット情報に基づく感覚的な業界・業種選択をベースに就職活動を展開したため、未だ内定の獲得に至っていない。彼女の就職活動の最大の失敗要因は、

図表1-8　キャリア・アンカーをさぐる3つの問い

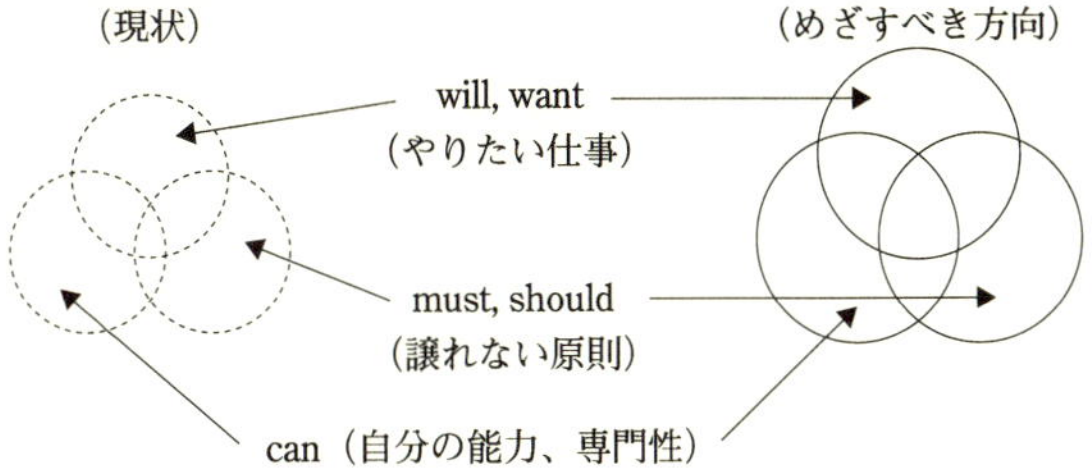

自分のやりたいことや職業観といったものを明らかにすることなく、就職活動という大きなうねりに飲み込まれていった点にあると思われる。シャインは、自分のキャリアの拠り所をさぐるためには、次のような三つの問いが必要だとしている。(6)

- 「自分は本当は何がやりたいのか」＝will, want
- 「自分は一体何が得意なのか、何ができるのか」＝can
- 「何をやっている自分に意味や価値が感じられるのか」＝must, should

Bさんの就職活動を、こうした三つの問いに照らしてみると、図表1－8に見られるように、三つの円が未確立の状態と言えよう。

つまり、これまでの彼女の就職活動は、自分のキャリアの拠り所となるwill, can, mustを明確にすることなく展開されたため、就職戦線の終盤（第四段階）で就職活動を取りやめ、大卒フリーターへの道に進む危険性をはらんだものとなっている。こうした危険性の萌芽は、これまでの記述からも明らかなように、本人の大学入学の時点（第一段階）や就職活動が始まる時点（第二段階）においてすでに出はじめていた。

そこで、Bさんのこれまでの就職活動の軌道を修正すべく、キャリア・カウンセリングを実施し、まずはキャリア・デザインに必要なwill, can, mustを確立することを支援した結果、自分のやりたいことやどんな働き方がしたいかが見えてきて、就職活動を再開するに至った。

進路変更のケース（Cさんの場合）

三人目は就職戦線がはじまる直前に、大きく進路を変更し、看護大学への受験を決意した学生のケースである。本人が大きく進路を変更したのは、三年次の夏期休暇中に、自分の将来について考えた時に、「会社でやりたい仕事が見つからない」、「行きたい会社がない」、「会社で働く自分の姿がイメージできない」など、不安なことが次から次へと生まれ、このまま就職活動をしていいのだろうかと疑問を感じはじめたのが大きなきっかけとなっている。就職に対するこうした不安を看護師をやっている姉に相談したところ、看護師の道に進むよう助言され、看護大学受験の決意を固めた。

Cさんが看護大学を受験しようと考えたのは今回がはじめてではなく、大学受験の段階で受験すべきかどうかを迷っていたようである。本人は私が勤務する大学の付属高校出身者で、大学受験のときに、本学の福祉学科か看護系の他大学受験のいずれを選択すべきか迷っていたが、看護大学に通学する姉の看護師国家試験に向けた勉強の大変さを目の当たりにして諦めたようである。経営学部を選んだのは、就職が大変な福祉学科よりも、就職率が高く、社会に出て役に立つ学問が学べる

図表1-9　キャリア・アンカーの結果

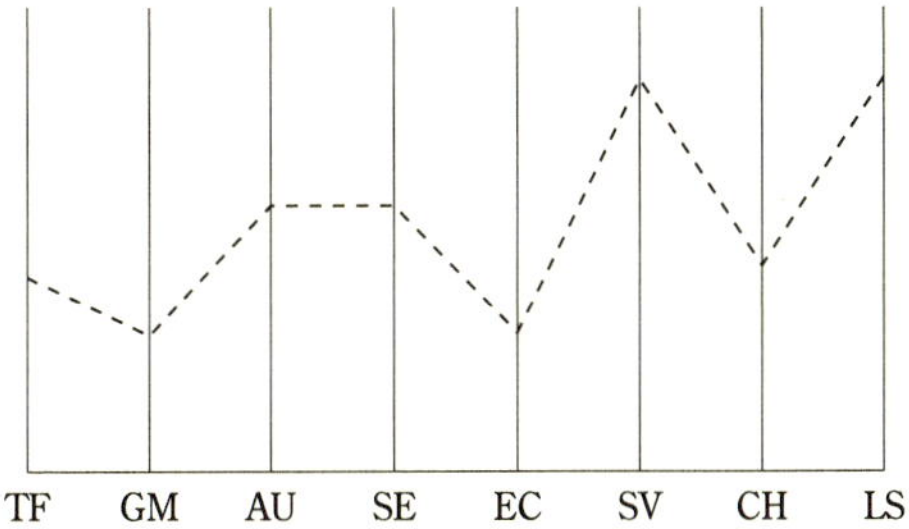

経営学部の方が将来的に有利と考えたからである。

しかし、経営学部に入学してみたものの、看護や福祉への憧れや未練が残り、一時は転学部や他大学受験を真剣に考えた時期もあったようである。そうした影響もあってか、入学当初は将来の職業観や明確な学習目標をもてず、怠惰な学生生活をおくっていた。

私のゼミに入室したのは、こうした中途半端な学生生活から脱却し、「何かを極めたい」といった強い思いからで、二年以上にわたるゼミでの学習や親友と呼べる友人の存在を通して、自分のなかに自信と勇気が芽生えはじめた。こうした自信や勇気がCさんに自分の将来について考えさせるとともに、看護大学受験を決意させたものと思われる。

ここで、Cさんの進路変更が職業適性の視点からみて妥当な選択であったかどうかを見てみたい。Cさんのキャリア・アンカーの結果を示すと、図表1-9のようになる。

診断結果からも明らかなように、奉仕/献身を意味するSVと仕事生活と非仕事生活の調和を意味するLSのスコアがきわめて高く、患者に献身的行動で接する看護師は向いていると判断できる。R-

ＣＡＰの診断においても、社交・ホスピタリティ志向のスコアが群を抜いて高く、本人の志向性に最も適した職業も第一位が看護師となっており、Ｃさんの方向転換の意志決定は正しかったように思われる。

こうしたＣさんの就職活動は、第一段階の「高校から大学への接続の時点」における微妙なズレを、第二段階である「就職活動が始まる時点」までに修正し、進路変更したことにより、新卒無業者や大卒フリーターになる危険性を未然に防ぐことができた珍しいケースと言えよう。

新卒無業者、大卒フリーターの増加やニートの誕生に見られるように、大学生の就職をとりまく環境は厳しさを増しており、いまだ「就職氷河期」を脱しきれないままの状態である。しかし、現役大学生三人の実際の就職活動で見てきたように、就職戦線において勝者になるか敗者になるかの成否は、こうした就職環境をとりまく外的要因よりもむしろ、大学生個人の職業意識や将来に向けたキャリア・デザインといった内的要因に大きく依存していると思われる。そこで以下の章ではこうした大学生の職業意識の態様や変化に焦点をあて、それが実際の就職活動にどのような影響を与えているのかを探っていきたい。

注

（1）　新卒無業者とは、リクルートワークス研究所がネーミングしたもので、文部省「学校基本調査」では、学卒無業者と称されている。リクルートワークス研究所によれば、経済力のある親の存在とフリーターという働き方がいわばセーフティネットの役割を果たし、大きな社会問題にならなかったとしている。

（2）小杉礼子らの分析によれば、フリーターの構成は、性別的には女性の方が多く、年齢的には二〇～二四歳が最も多く、学歴構成としては高卒が最も多く、半数を占めているとされている（詳しくは小杉礼子編『自由の代償フリーター』（日本労働研究機構、二〇〇二年）を参照）。

（3）玄田有史・曲沼美恵『ニート』幻冬舎、二〇〇四年、二四-二五頁。

（4）R-CAPとは、リクルートが開発した適職診断テストで、日本人二万人のデータをもとに、個人の価値観・志向・興味と一四〇職種との職種適合度を診断するものである。リクルートナビ（略称リクナビ）での診断も可能で、多くの大学生が受けている。

（5）キャリア・アンカーとは、「個人が選択を迫られたときに、その人が最も放棄したがらない欲求、価値観、能力であり、その個人の自己概念の中心を示すもの」で、シャインは当初五つのキャリア・アンカーを提示していた。

（6）エドガー・H・シャイン『キャリア・アンカー』金井壽宏訳、白桃書房、二〇〇三年、九四-九五頁。

第二章　大学生の職業意識と就職活動の成功要因

1　若年層の離・転職率の推移とその理由

第一章で述べたように、若年層の失業率は一〇％前後と高く、その要因としては若年層の自発的離職が考えられる。図表2-1からもわかるように、非自発的離職は若干増加しつつあるものの、最も割合が多いのは自発的離職による失業である。こうした自発的離職による失業は、バブル経済崩壊後に比して大幅に増加しており、景気後退期の現在においても変化していない。

七・五・三現象

こうした若年層の自発的離職を象徴する表現として、「七・五・三」現象という言葉がある。こ

図表2-7　「初めての会社選択」で重視した項目

（20〜24歳）

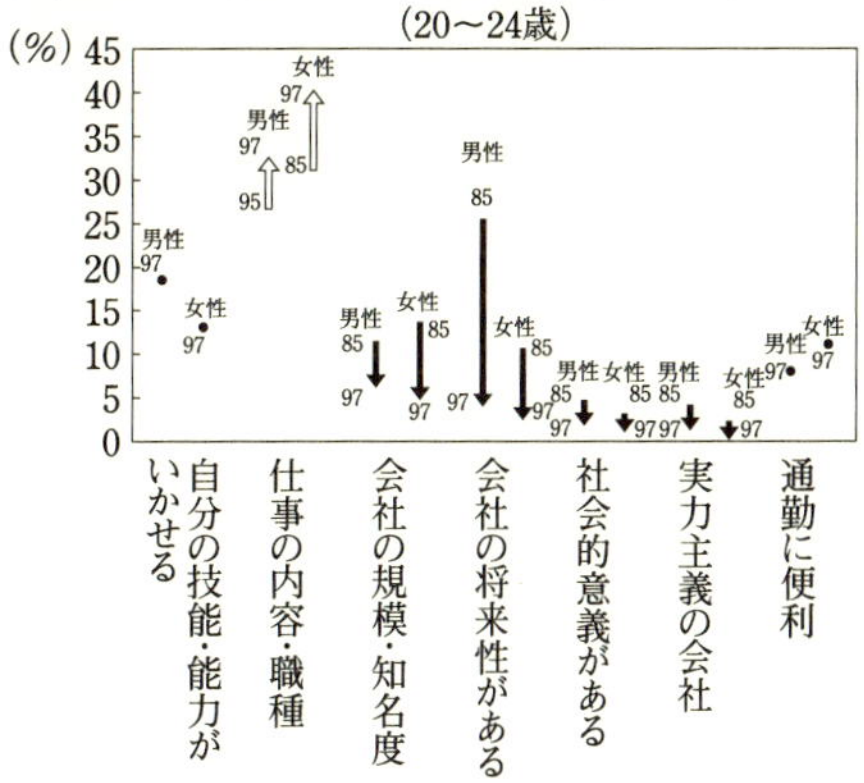

注1　自分の技能・能力がいかせる，通勤に便利は1985年には調査されていない。
注2　1985年調査と1997年調査では選択肢及び標本からの復元方法が異なっており，両者の厳密な比較は困難。
資料出所：『労働白書』平成12年版，160頁

比較を行なっており、若年者が初めて会社を選ぶときに重視する項目が大きく変化している様子がわかる。若年者が初めて会社を選ぶ際に最も重視した点としては、「仕事の内容・職種」があげられ、男女ともにおいて一九八五年に比して増加している（図表2-7）。これは前述した「働くことの意識」調査と同様の結果である。それに反し、「会社の規模・知名度」や「会社の将来性」などが低下しつつある。

JGSS-2000

三つ目の調査はJGSS-2000[(1)]で、日本人の意識と行動の実態を把握すべく実施されているものである。同調査では、二〇代の若年層の就労行動パターンを大きく、学校を卒業してからずっと正規従業員として働き続ける「正社員継続派」、学校卒業後正規従業員として働いているが転職を

経験し、その後正社員として働く「正社員転職派」、学校卒業後正規従業員として就職したが、現在は臨時雇用者やパート・アルバイト、派遣社員として働いている「非正社員転換派」、学校を卒業して初めて就いた仕事がパート、アルバイト、派遣などの臨時雇用で、現在もこうした就業形態で働く「非正社員専念派」の四つに区分されている。

興味深いのは、仕事に関する各種項目に対する重要度評価で、四グループとも雇用の安定と興味のある仕事をあげている点である（図表2-8）。正社員継続派は雇用の安定を第一位に重視しているのに対し、転職経験のある正社員転職派は興味のある仕事を最重視し、高収入を第三位にあげている。こうした点から、転職経験者は正社員継続派とは異なり、よりよい仕事と高報酬を求めて転職行動を起こしたことが見えてくる。非正社員の二つのグループは、いずれも雇用の安定を最も重視しており、雇用の安定性に不安をもっている様子がわかる。それは正社員から非正社員に転換したグループにおいて顕著で、転換に伴う雇用不安の大きさをうかがい知ることができる。

図表2-8　仕事に関わる項目の重要度評価

	正社員継続派	正社員転職派	非正社員転換派	非正社員専念派
第1位	雇用の安定（50%）	興味のある仕事（47%）	雇用の安定（57%）	雇用の安定（27%）
第2位	興味のある仕事（43%）	雇用の安定（43%）	興味のある仕事（39%）	興味のある仕事（23%）
第3位	仕事と家庭の両立（28%）	高収入（26%）	仕事と家庭の両立（32%）	高収入（12%） 働く日時の決定（12%）

資料出所：岩井紀子・佐藤博樹編『日本人の姿 JGSS にみる意識と行動』101頁

図表２－９　仕事に対するコミットメント、就労継続意志

（単位％）

	回答項目	正社員		非正社員	
		継続派	転職派	転換派	専念派
コミットメント	働き続ける	67.3	78.7	64.3	57.7
	働くのをやめる	20.8	14.9	21.4	30.8
就労継続意志	全くやめるつもりはない	36.5	34.0	21.4	7.7
	近いうちにやめる	11.3	12.8	17.9	34.6

資料出所：岩井紀子・佐藤博樹編『日本人の姿 JGSS にみる意識と行動』103頁

また、同調査においては、仕事に対するコミットメントと現在の会社に対する継続就労意志についても質問をしており、面白い結果が出ている。まず仕事に対するコミットメントであるが、「働かなくとも生涯不自由なく暮らせるだけのお金を得られるとしたら、あなたは働くことをやめますか。働き続けますか」という質問に対し、「働き続ける」と回答した人は四グループとも大きく過半数を超えている。なかでも正社員転職志向派は七八・七％と群を抜いて高く、前述した仕事に関わる項目の重要度評価とも符合する（図表２-９）。つまり、雇用の安定よりも仕事の内容を重視するという志向性が「働き続ける」という意志に強く反映されている。一方、「働くのをやめる」と回答した人が最も多かったのは、非正社員専念派で、雇用の安定と高収入を重視する志向性を裏付ける結果となっている。

次に、現在の会社に対する就労継続意志を見てみると、「今働いている会社をやめるつもりがありますか」という質問に対し、「全くやめるつもりはない」と回答した人の割合は、正社員の継続派、転職派においても約三分の一程度しかない。「働くことの意識」調査の結果と同様に、潜在的な転職可能性の大きさを感じざるをえない（図表２

図表2-10　初めての会社を離職した理由

	年齢計	15～19歳	20～24歳	25～29歳
仕事が自分に合わない	20.3	24.4	25.7	17.6
健康上の理由、家庭の事情・結婚のため	15.2	2.3	9.5	18.3
人間関係がよくない	13.0	33.9	13.3	12.3
労働時間・休日・休暇の条件がよくなかった	10.7	14.9	13.4	9.3
賃金の条件がよくなかった	7.9	0.3	7.2	8.4
自分の技能・能力が活かせなかった	5.7	—	5.4	6.0
会社に将来性がない	5.7	0.2	6.1	5.7
倒産・解雇	2.1	1.8	2.1	2.1
責任のある仕事が与えられなかった	1.2	0.8	1.0	1.3
家業をつぐため	1.2	—	0.7	1.4
独立して事業を始めるため	0.2	4.5	0.3	0.1
その他	16.1	14.0	14.9	16.8
不明	0.6	2.8	0.5	0.6

原資料：労働大臣官房政策調査部編『若年者就業の実態』1998年
資料出所：矢島正見・耳塚寛明編『変わる若者と職業世界』学文社、2001、110頁

-9)。

もう一つの離・転職の理由に関しては、前述した厚生労働省「若年者就業実態調査」を見ていこう。図表2-10からも明らかなように、初めての会社を離職した理由としては、「仕事が自分に合わない」が二〇・三%と最も高く、以下「健康上の理由、家庭の事情・結婚のため」(一五・二%)、「人間関係がよくない」(一三・〇%)、「労働時間・休日・休暇の条件がよくなかった」(一〇・七%)と続く。

すでに述べたように、会社を選ぶ際の重視する項目として、「仕事の内容や職種」、「自分の能力、個性が活かせる」などがあげられている点から、離職事由として「仕事が合わない」が第一位にくるのは理解できるが、「自分の技能・能力が活かせなかった」がわずか五・七%と低くなっており、予想に反する結果である。

その要因としては次のような二つのことが考えられる。一つは、「仕事が自分に合わない」という理由には、自分の技能・能力が活かせなかった点が含まれてしまっている可能性があるということである。もう一つの理由としては、離職事由として人間関係を含めた労働諸条件の悪さの割合が高く、仕事において自分の能力や技能を発揮する以前に、働く職場環境の悪さに閉塞感を感じ、短絡的に離職におよんでしまっている可能性があるということがあげられる。「きれる」、「あきらめる」などに代表される最近の若者の行動特性からすると、うなずける部分が多い。

いずれにしても、これまでの分析・考察からわかることは、大学生を含めた若年層は初めて会社を選ぶ際に、仕事の内容と自分の個性、能力との適合性を重視しており、それらが入社後満たされない場合は離・転職行動におよんでいる姿が三つの調査から浮き彫りになった。

それでは一体なぜ、大学生や若年層はそこまで仕事の内容や職種にこだわりはじめたのであろうか。次節では、こうした大学生や若年層の仕事に対するこだわりの背景や要因について考えてみたい。

2　若年層の会社観・組織観と職業意識の変化

大学生や若年層の仕事に対するこだわりの背景には、会社観・組織観および職業意識の変化があるものと思われる。そこでまず、会社観・組織観の変化する姿を、若年層と中高年層と比較しながら見ていきたい。

中高年層の会社観・組織観

中高年層の会社観・組織観は、「帰属意識」に裏打ちされており、「一つの組織に帰属し、そこから人生に必要なものすべてをまかなっていく」という点に大きな特徴がある。その中心的価値は、会社への忠誠心や職場への貢献、さらには上司への貢献といったものを重視する「自己犠牲」にある。こうした滅私奉公型の帰属意識に裏打ちされた中高年層の会社観・組織観は、個人と組織の直接統合[2]を希求しており、個人の組織に対する最大限のコミットメントが必要不可欠となる（図表2-11）。

このような帰属意識に裏打ちされた中高年層は、グルドナー（Goulder, A. W.）のローカル（locals）に類似している。ローカルは、所属組織へのロイヤリティは強いが、専門的技術へのコミットメントは低く、自分の専門よりも所属組織との一体化を強く志向している点にその特徴がある。同様のことが直接統合においてもあてはまり、直接統合においては組織目標への最大限の貢献を望むあまり、専門性の次元における能力発揮や蓄積が軽視されてしまう危険性がある。

また、組織に対して強いロイヤリティをもった中高年層は、組織内部における昇進に強い関心をもつと同時に、キャリア志向性も組織との一体化が強く求められる管理職やゼネラリスト志向が強くなる。

図表2-11　直接統合の概念

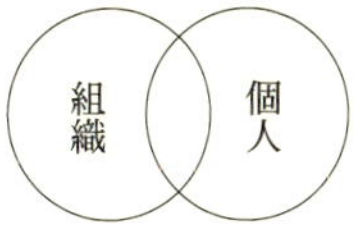

図表2-12　中高年層の社会との関わり方

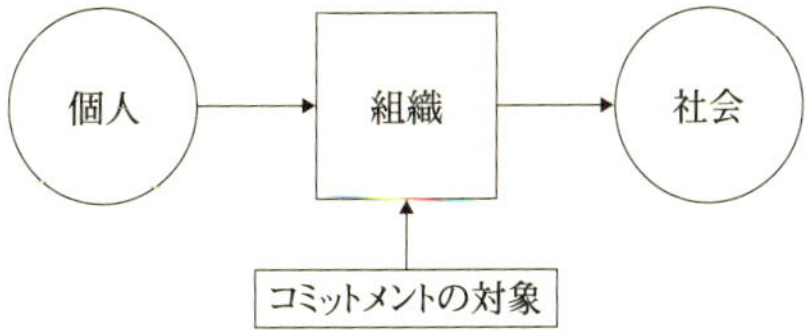

資料出所：太田肇『仕事人の時代』新潮社，1997年，151頁

こうした中高年層の会社観・組織観を図式化すると、図表2-12のようになる。ここからも明らかなように、中高年層は組織に対するハイ・コミットメントに基づき、組織を中心に社会と関わっている。このような会社観・組織観が「場」[3]を強調する日本の社会を形成しているものと思われる。

「場」を重視する中高年層は、外に向かって自分を社会的に位置づける場合、エンジニアやセールスマンというような資格よりも、○○会社の者であると「場」を優先してしまう。場を優先する会社観・組織観が「うちの会社」表現に代表されるように、会社を運命共同体化するとともに、強い企業意識を醸成していく。まさに、テンニース（Tonnies, F.）の提唱する「ゲマインシャフト」[4]の概念に近いものとなる。

このような場の論理を優先する企業意識は、一方で中高年層に個人のもつ資格や専門性よりも会社との一体化を促し、他方で自分の会社を客観化できなくさせてしまう。その結果、職業倫理に欠けた企業戦士あるいは会社人間が生み出され、会社の利益を守るためなら、不正行為にすら加担する。昨今の企業をめぐる不正事件はこのようにして発生したものと思われる。

若年層の会社観・組織観

こうした中高年層に対し、若年層の会社観・組織観は、「所属意識」に裏打ちされており、「いくつかの組織に所属し、それぞれのところから必要なものを手に入れていく」という点に大きな特徴がある。その中心的価値は、会社への忠誠心よりも仕事への忠誠心、会社への貢献よりも自分の業績、上司への貢献よりも自分の損得といったものを重視する「自己利益」にある。関本、花田らの長年にわたる帰属意識の研究（一九八五、一九八六）においても、自己の権利・考えを押し出す「自己実現型」、功利のみを追究する「功利型」のようなタイプの帰属意識が若年層の主流になっていくことが指摘されている。

このような自己利益を重視する所属意識に裏打ちされた若年層の会社観・組織観は、仕事を媒介とした個人と組織の間接統合を希求しており、個人の仕事に対する最大限のコミットメントが必要不可欠となる（図表2-13）。つまり、若年層は自分の仕事と一体化し、仕事を通して自分の目的を達成するとともに、会社に貢献しようとしている。これはグルドナーのコスモポリタン（cosmo-politans）や太田の「仕事人モデル」に類似している。コスモポリタン、仕事人いずれも自分の専門的技術に対するコミットメントが強いが、所属組織に対するロイヤリティが低く、準拠集団が組織の外部に存在している点に大きな特徴がある。

このように、仕事志向性の強い若年層は、コスモポリタンや仕事人と同様、会社や組織に対する帰属性は低く、自分の専門性や自己の専門性に対する市場価値（market value）に強い関心がある。

図表2-13　間接統合の概念

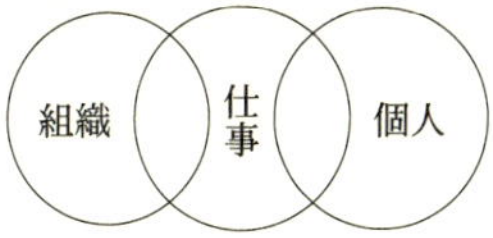

図表2-14　若年層の社会との関わり方

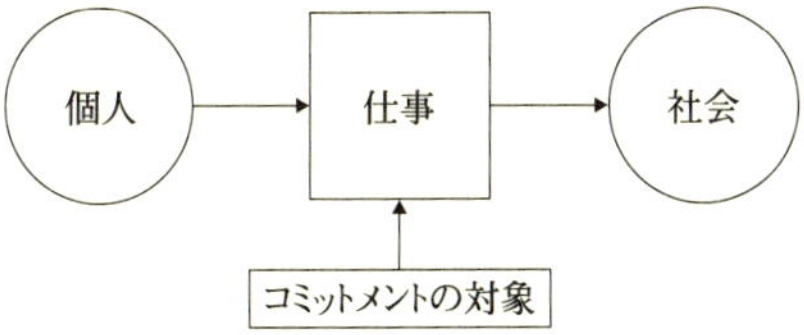

資料出所：太田肇『仕事人の時代』新潮社，1997年，151頁

したがって、キャリア志向も当然、スペシャリストやプロフェッショナルとしての志向性が強いものとなる。最近の若年層の転職志向の高まりはこうした組織観・会社観が影響しているものと思われる。

若年層の会社観・組織観を図式化すると、図表2-14のようになる。図表2-14からも明らかなように、若年層は自分の専門技術や仕事に対するコミットメントが高く、仕事を介して社会と関わっている。こうした仕事志向の若年層は、場を強調する中高年層とは異なり、「資格」を重視する方向に進んでいくものと思われる。

仮に、若年層を中心に「資格」を重視する傾向が強まれば、わが国においても「職業意識」が醸成され、会社を客観化することが可能になる。さらに、職業意識は企業意識とは異なり、企業の枠を越えうる可能性が大きいため、わが国においても本格的な職業倫理や横断的な労働市場が生まれてくる可能性があるものと思われる。

以上、若年層の企業観・組織観を中高年層と比較しながら見てきたが、両者の違いをまとめると、図表2-15のようになる。

図表 2-15　若年層と中高年齢層の会社観・組織観の比較

中高年層の会社観・組織観	若年層の会社観・組織観
帰属意識	所属意識
滅私奉公の美徳化	滅公奉私（仕）の美徳化※
「場」を重視	「資格」を重視
企業意識	職業意識
組織内での昇進を重視	市場における評価・評判
管理職、ゼネラリスト志向	スペシャリスト、プロフェッショナル志向
↓	↓
終身雇用	短期雇用

注　滅公奉私（仕）の仕は「仕事」を意味している。

若年層の職業意識の変化

次に、若年層の職業意識の変化について見ていきたい。すでに若年層の会社選択に関しては、会社の規模・知名度や将来性よりも、むしろ仕事内容を重んずる傾向があることを述べてきた。では、一体なぜ、このように若年層は初めての会社を選択するのに際して、そこまで仕事内容を重んじるのであろうか。

ここでも、若年層と中高年層の職業意識を比較し、その変化する姿を見て、若年層が仕事内容を重視するにいたる背景を探ってみよう。戦後生まれの中高年層の職業意識の根底にあるのは、物的豊かさ（to have）を希求する水平的価値観であり、職業選択においても横並び意識が強く、とにかく物的豊かさが可能となる大企業や安定した企業に入ることが主たる目標となっていた（図表2-16）。したがって、入った会社で担当する仕事については事前にほとんど意識されることはなく、採用も出身大学や人間性などの個人属性を重視する全人格的な採用が中心となっていた。こうした中高年層の職業意識は、まずは会社に入ることこそが目的となる、まさに「就社」であったと言えよう。

図表2-16　職業意識の変化

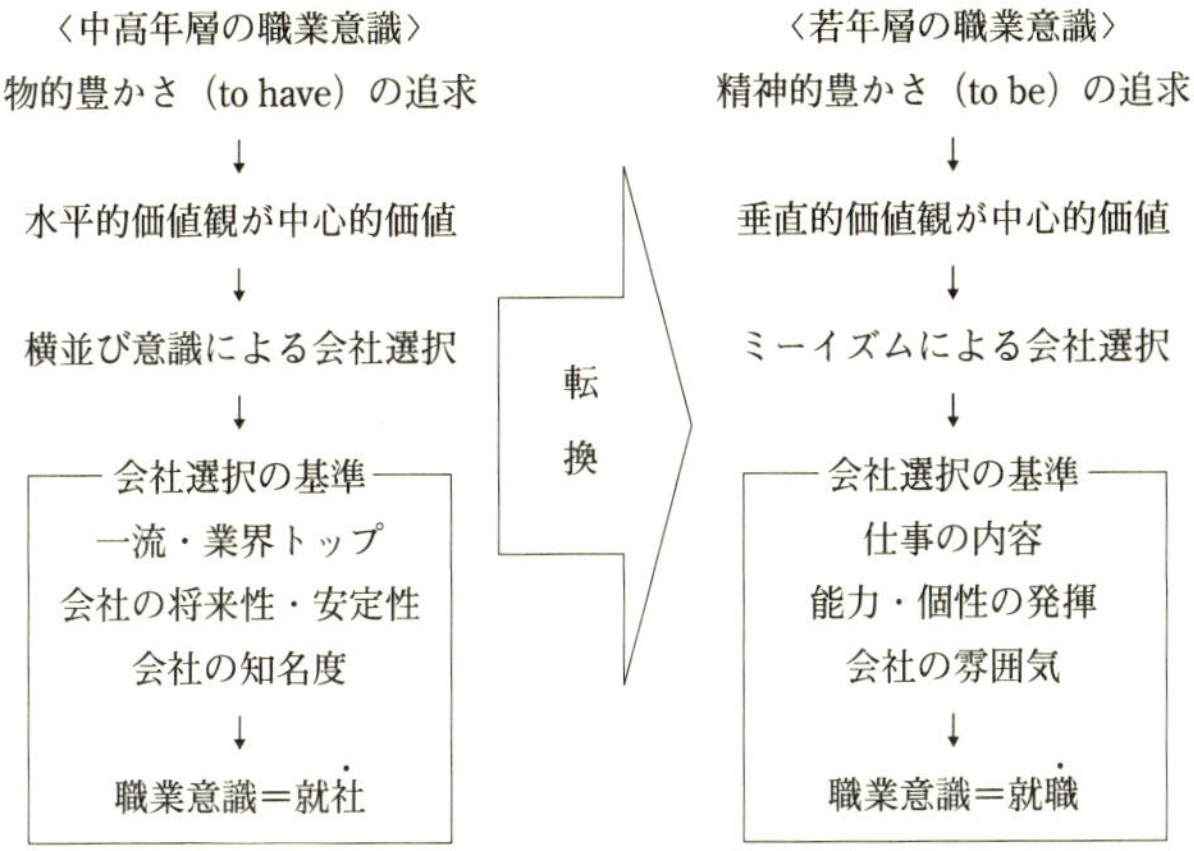

それに対し、若年層の職業意識の根底にあるのは、精神的豊かさ（to be）を希求する垂直的価値観であり、職業選択においても自分の能力・個性が活かせるかどうかを重視する会社選択が行なわれることとなる（図表2-16）。したがって、若年層においては、「どこの会社に入るか」ではなく、入った会社で「どんな仕事ができるか」、「その仕事は自分にあっているか」などが重視される。最近、先進的な大企業を中心に、仕事を限定した採用システムである職種別採用やオーダー・エントリー・システム（Order Entry System, 略称OES）が導入されつつあるのは、このような若年層の職業意識の変化に応えていくためである（詳しくは第三章参照）。こうした若年層の職業意識は、どこの会社に入るかよりも、入った会社でどんな仕事ができるかを重視する意味で、まさに「就職」である。

　こうした若年層の職業意識の変化は、電通が実施した「大学生の就職に関する意識調査」（一九九一年）に

図表2-17　企業における人材像の類型化

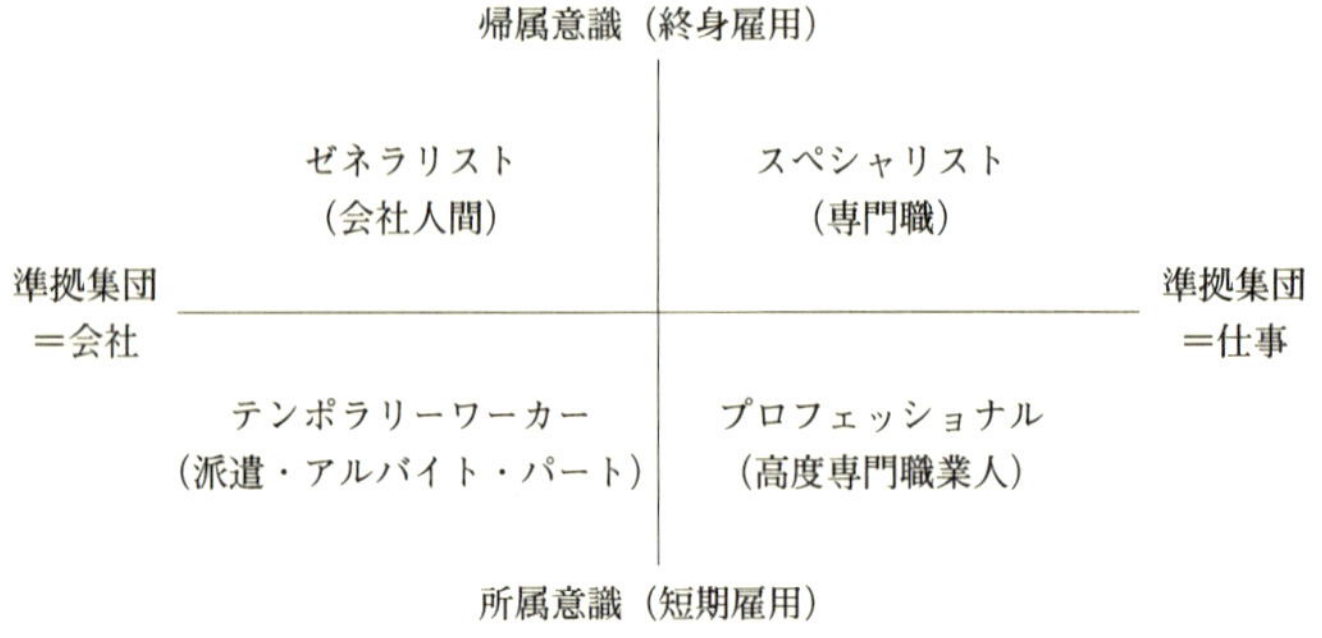

おいても同様の結果が得られている。同調査によれば、最近の大学生の会社選択の基準は「仕事にやりがいがある」がトップになっており、そうした大学生の就職意識を「質実柔健」の会社選びとフレーズ化している。「質」とは、質の高い仕事ができる会社、「実」とは給与や福利厚生などが充実した実益のある会社、「柔」とは柔らかい企業風土の会社、「健」とは世間のためになるような健全な企業経営を行なっている会社を指す。

これまで述べてきた会社観・組織観の変化および職業意識の変化から、企業における人材像を類型化すると、図表2-17のようになる。

所属意識や仕事志向に裏打ちされた大学生や若年層は、図表2-17におけるスペシャリストやプロフェッショナルとしての採用やキャリア形成を強く望んでおり、企業にとって新しい採用システムや人材マネジメントが必要となっている。前述した職種別採用やオーダー・エントリー・システムといったような新しい採用システムもこうした若年層の職業意識の変化に応えていこうとするものである（詳しくは第三章参照）。

図表2-18　就職活動の開始時期

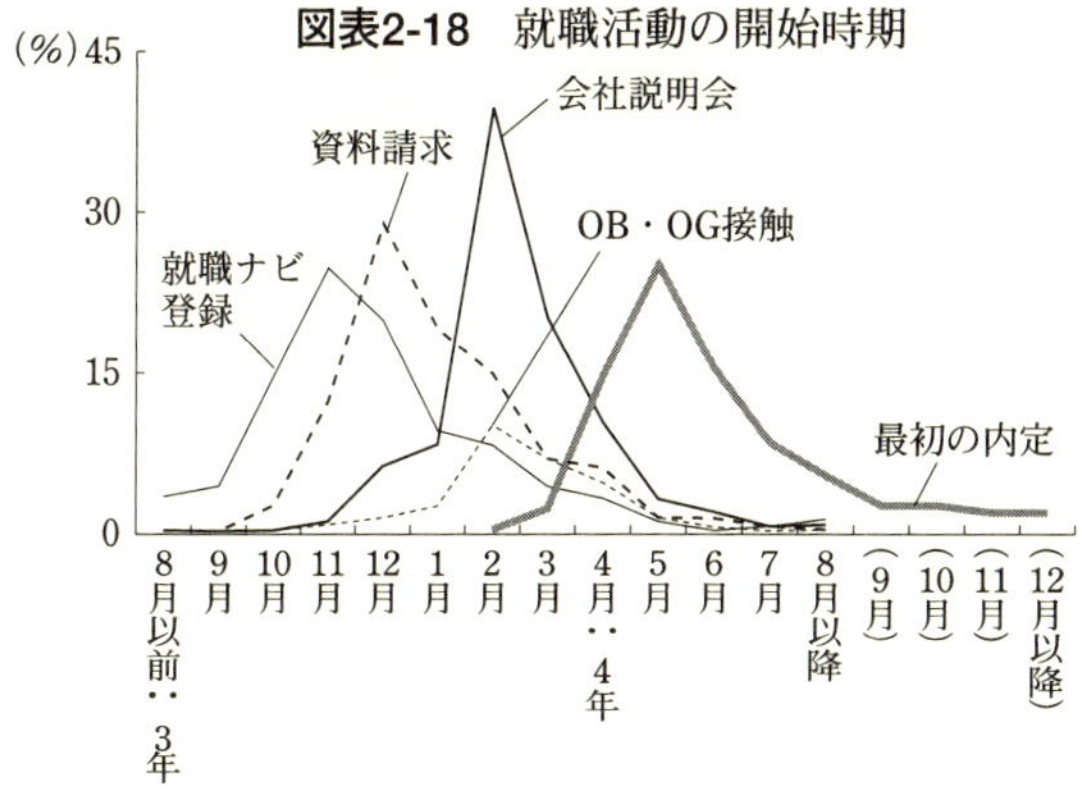

資料出所：永野仁編『大学生の就職と採用』中央経済社，2004年，96頁

ところで、会社観や職業意識が不明確な大学生や若年層は、すでに第一章で見てきたように、新卒無業者、フリーター、ニートに発展する可能性が高く、仮にパートやアルバイトに就けば図表2-17におけるテンポラリーワーカーとして位置づけられる（詳しくは第四章を参照）。

3　調査からみる就職活動の実際

次に、こうした会社観・組織観や職業意識をもった大学生が実際、どのような就職活動を展開し、内定を獲得しているのか、その実態を見ていきたい。

大学生の就職活動に関する実態調査としては、財団法人二一世紀職業財団が改正均等法施行直後に行なった「新規大卒者の就職活動等実態調査」（平成一三年）と、明治大学の永野を中心とする五人の研究者による「大学生の就職活動に関する調査」（二〇〇一年）を参考に見ていきたい。

図表2-19　資料請求をした企業数の割合

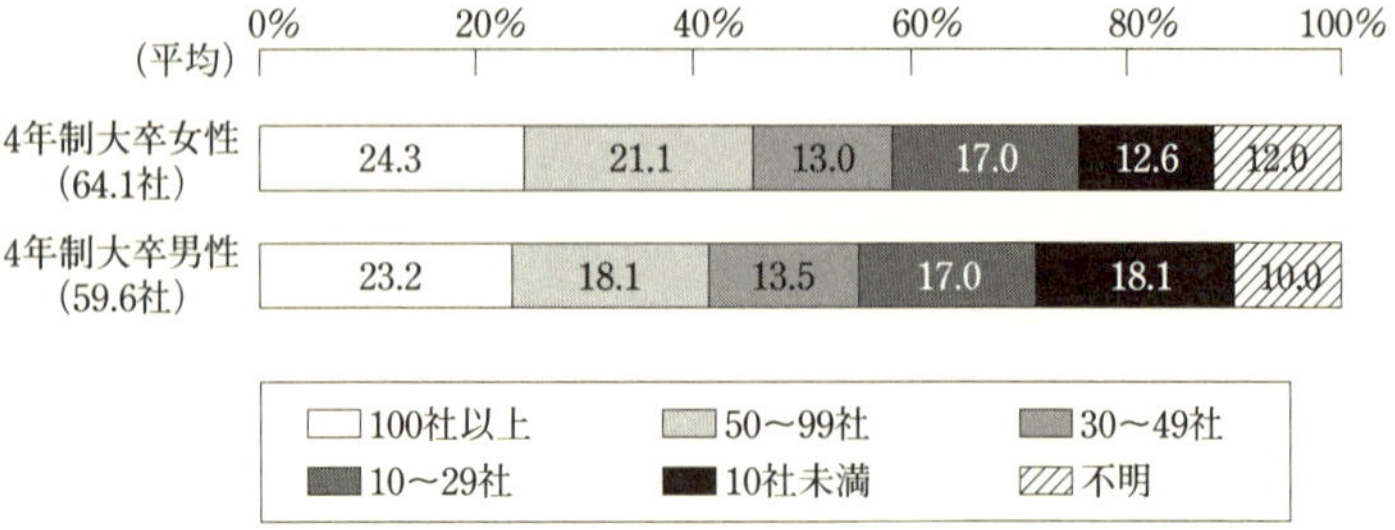

資料出所：財団法人21世紀職業財団「新規大卒者の就職活動等実態調査」結果報告書，
4頁より作成

就職活動の開始時期

まず就職活動の開始時期であるが、「就職ナビへの登録」は永野らの調査によれば三年生の一一月が最も多く、「資料請求」の開始は両調査で若干のズレがあり、永野らの調査では一二月、二一世紀職業財団の調査では一〜三月が最も多い（図表2‐18）。

資料請求した企業数は、二一世紀職業財団の調査においては、四年制大卒女性で平均六四・一社、男性で五九・六社となっており、永野らの調査結果である七六・三社よりは若干少ない（図表2‐19）。永野らの調査で興味深いのは、資料請求をはがきとインターネットで分けて集計しており、インターネットによる資料請求が四九・九社と約六五％を占める（図表2‐20）。まさに、e‐リクルーティングが進展していることを実感できる。

会社説明会への参加と企業訪問

「会社説明会への参加」および「企業訪問」であるが、その時期については永野らの調査では、「会社説明会」のピークは

図表 2 -20　就職活動の量的分析

単位：社（または人）

	平　均	標準偏差	件　数
はがきで資料請求	26.79	38.53	932
インターネットで資料請求	49.86	50.77	940
（資料請求：合計）	76.33	70.52	929
接触した OB/OG：人	1.69	3.90	932
会社説明会へ出席	24.83	19.97	942
面接等の受験	15.78	13.08	943
内 定 獲 得	1.96	1.28	767

注：「内定獲得」は内定獲得者のみを対象としている。
資料出所：永野仁編『大学生の就職と採用』中央経済社、2004年、97頁

二〜三月となっているものの、二一世紀職業財団の調査では時期に関する調査は実施されていない。会社説明会や企業訪問に関しては、両調査とも量的分析がなされている。図表2-20からもわかるように、永野らの調査では平均で約二五社の会社説明会に参加している。一方、二一世紀職業財団の調査では、四年生大卒の平均訪問企業数は男性が一四社、女性が一三・五社でほとんど差がないものの、永野らの調査と比べて訪問企業数が少ない。同調査では、個別企業が主催するセミナーへの参加数についても併せて質問しており、結果は男性が一五社、女性が一五・五社である。また、同調査で興味深いのは、理科系と文科系の学生で訪問企業数、セミナー参加数が大きく異なっている点で、理科系は文科系のほぼ半数となっている。その理由としては、よく指摘されることであるが、理科系の就職活動は主に研究室単位で比較的限られた範囲の企業（たとえば研究委託企業やOB・OGの就職先など）への訪問によって展開されることが大きな要因となっているものと考えられる。

採用面接・試験および内定獲得

最後は、「採用面接・試験」および「内定獲得」であるが、永野らの調査では約一六社の面接試験等を受け、約二社から内定を獲得しているのが平均的な姿である（図表2-20）。それに対し、二一世紀職業財団の調査では、採用面接・試験を受けた企業数は平均で男性が一一・八社、女性が一二・二社で、内定企業数は男性が一・八社、女性が一・六社となっており、永野らの調査と同様の結果となっている。内定時期に関しては、永野らの調査では四年生の五月中には半数以上の学生が内定を獲得しているのに対し、二一世紀職業財団の調査では六月〜七月が最も多い（図表2-18、図表2-20）。

インターネットを使ったe-リクルーティング

ところで、すでにインターネットを使ったe-リクルーティングが増加しつつあることは指摘したが、どの程度までそれが実際の就職活動で利用されているのだろうか。

二一世紀職業財団の調査では、企業情報の入手先としては、男子学生の場合は多い順に「就職関係情報誌」（四七・二%）、「業界セミナー・会社説明会」（四六・九%）、「企業のホームページ」（四二・九%）と続いており、女子学生の場合は「業界セミナー・会社説明会」（五〇・九%）、「就職関係情報誌」（四七・七%）、「学校就職担当窓口」（四七・五%）となっている。しかし、第四位に「企業のホームページ」（四七・〇%）があがっており、男女ともにインターネットの活用状況が高いことがうかがえる。それに対し、永野らの調査では「会社のホームページ」の活用割合が最も高く、かつその有用度も最も高くなっている。こうした二つの調査結果や前述のインターネットによる資料請求の比率の高さから、ＩＴ技術を活用したｅ-リクルーティングが完全に定着しつつあると言えよう。(5)

4　就職内定の七ルール

大学生の就職活動に関しては、出身大学の入試難易度（偏差値）や大学での成績が就職の成否に関わるとするいくつかの研究が実施されてきた。平沢（一九九五）、濱中（一九九八）の研究によれば、大学の偏差値が高いほど内定企業の規模が大きい反面、大学での成績はあまり内定とは関係がないことが明らかとなっている。

一方、前述した永野らの「大学生の就職活動に関する調査」では、大学入試難易度、大学での成績いずれも正で有意であることが報告されている。(6) つまり、永野らによれば偏差値の高い大学に入学できた潜在能力の高い人が就職活動で成功しやすく、また成績の良い人も同様に就職活動で成功しやすくなる。

また、根本（二〇〇三）は就職力を次のような公式で説明する。

就職力＝［（就職意志力：will）×（自己効力感：efficacy）］×［（エンプロイアビリティ：employability）×（就職活動力）］

すなわち、根本によれば、就職力は積極的に就職する意志力、やればできるという自信、雇用されうる能力、情報収集力とコミュニケーション力を核とした就職活動力の四つの規定要因によって決まることとなる。上記二つの調査結果をこの公式に当てはめてみると、偏差値が高い大学に入学できるということは潜在的能力が高く、それが「自信（自己効力感）」へとつながり、さらには入学後の成績が良い人は企業に雇用されうる「エンプロイアビリティ」も高まることとなる。さらに、偏差値が高い大学は概して歴史があり、かつ総合大学としての色彩が強いところが多く、多数の「OB・OGネットワーク」を有効活用した就職活動」が可能となる。就職内定を獲得する大学生は、こうした三つの要素に、「なにがなんでも就職するという強い意志」が加わり、内定に至るものと思われる。

しかし、実際に内定を獲得している大学生の就職活動における成功要因は果たしてこれらの要素だけであろうか。私の十年におよぶ大学生に対する就職指導やキャリア・カウンセリング、さらには指導した学生の卒業後のフォローやヒアリング等を通して、大学生の就職活動における成功要因をまとめてみると次のようなものになる。これを「就職内定のセブン・ルール」と名づけることにしたい。

就職内定のセブン・ルール

第1ルール
want-can-must の明確化

シャインは、キャリアに関しては図表2-21に見られるように、三つの問いについて自問することが重要であるとしている。

①自分は何がしたいのか（want, will）
②自分は何ができるのか、何が得意か（can）
③どのようなことをやっている自分なら、意味を感じ、社会に役立っていると感じられるのか、あるいは仕事を選択する上で、譲れない原則は何か（must, should）

「want」は自分の動機・欲求に関する自己イメージで、「can」は能力・才能、「must」は価値・意味に関する自己イメージである。就職活動を成功裏に導くためには、こうしたキャリアに関する自己イメージを明確にするとともに、三つの要素の関連性についても考えなければならない。学生の就職指導を通してわかったことは、期待通りの内定を獲得できる学生は、図表2-21に見られるように、自分のキャリアの拠り所となるwant, can, mustを明確にするとともに、キャリア・アンカー診断やR-CAP診断などを通してこうしたキャリア志向性と職業適性とのマッチングをはかっている。就職活動は、よく「自分探しの旅」に例えられるが、まさに就職活動における成否の分かれ目は、どこまで真剣に自己分析に取り組んだかにかかっていると言えよう。

図表2-21　キャリアに関する自己イメージ

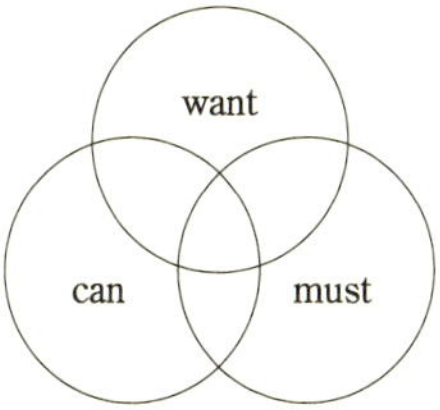

すでに述べたように、最近の大学生の就職活動においては、インターネットによる資料請求や会社のホームページを通しての情報収集など、e-リクルーティングが急速に進展しつつある。

しかし、こうしたインターネットを活用した就職情報の収集では表層的かつ画一的な情報しか入手できず、結果として志望理由やエントリーシートの記載などがほとんど差のないものとなってしまう。また、発信された情報を妄信し、的確な会社研究や業界研究に至らないケースが多くなっている。大卒三年目の離職率が三割もあるのは、こうした情報分析の甘さも一つの要因と考えられる。

それに対し、就職活動において成功している大学生は、大学やゼミのOB・OGを訪問し、働いている人の生の声を聞いたり、実際に受けている会社の商品を競合する会社の商品と比較してみたり、さらには実際に消費者になりすまし、クレームの電話をいれてその対応の仕方を見てみるなど、就職活動において自分の五感をフル活用している。

こうした自分の五感を通して入手した情報は、会社案内やホームページの情報などと異なり、まさに「オンリーワン」の情報となり、志望理由やエントリーシートなどへの記載も他と差別化しうるものとなる。また、同時に、こうしたオンリーワンの志望理由やエントリーシートなどは、受けている会社に対する入社の熱意や真剣さを表すことにもつながり、面接等を有利なものへと導く可能性が高いものと思われる。

第2ルール
自分の五感の活用

第3ルール
人脈ネットワークの活用

ＩＴ技術およびパソコンの普及により、ｅ-リクルーティングが増加しつつあり、大学生の就職活動における情報収集もインターネットが中心となっている。しかし、こうしたインターネットを利用した情報収集は発信された情報に大きく左右されてしまい、的確な会社研究や業界研究に至らず、安易なエントリーが増加してしまう危険性がある。第２ルールで説明したように、自分の五感を通してエントリーしている会社の生きた情報を入手するためには、また、インターネットで入手した情報の客観性や精度を高めるためには、人脈ネットワークを活用した就職活動が必要となってくる。

こうした人脈ネットワークとしては、大学の就職部門、ＯＢ・ＯＧ、両親、親戚、知人・友人などが考えられるが、なかでもＯＢ・ＯＧ訪問による情報収集はエントリーしている会社の特徴やその業界での位置づけなどを明確に把握することができ、極めて有効なネットワークと考えられる。

また、就職活動を通して知り合いになった他大学の学生も有効な人脈ネットワークとなる。特に、企業や就職情報誌の会社等より発信される情報が比較的少ない新設大学、歴史の浅い大学、女子大学の学生にとっては、就職活動を通して知り合った学生から得る情報は貴重な情報となるものと思われる。

ところで、こうした人脈ネットワークに両親や友人が入るのは、単なる縁故採用のきっかけづくりのみではなく、就職活動における挫折や進路における迷いなどがあった場合に、心理的サポート役としてアドバイスや激励をしてもらうためである。就職活動においては、これまで経験しないことや予想だにしないことなどが起こり、自信を失ったり、自分を見失ったりすることが多々ある。こうした状況において、両親や友人などが精神的支えになっていくものと思われる。

第4ルール　徹底した会社・業界研究

就職活動に成功をおさめた学生の多くが行なっているのが、自分がエントリーしている会社やその会社が属している業界に関する徹底した情報収集と研究である。エントリーしている会社がその業界でどんな位置づけにあるのか、競争相手との違いはどこにあるのか、などについて研究するということは、その会社への志望理由の具体化につながるとともに、入社したいという強いアピールにもつながり、採用面接等を極めて有利な形に導いていく。オンリーワンのエントリーシートや志望理由とはこうした徹底した会社・業界研究から生まれるものと思われる。

会社・業界研究の手段・方法としては、大学就職部の資料室や図書館、インターネット、経済新聞・経済雑誌、会社四季報など、さまざまな手段や媒体が考えられるが、やはり有効と思われるものは業界研究本、業界が発行しているさまざまな報告書や業界ニュース、さらには各業界団体のシンクタンクが発行するアニュアル・レポートなどである。ＯＢ・ＯＧ訪問を通して得た生の情報なども会社・業界研究においては極めて有効である。

大切なのは、こうしたさまざまな手段や媒体を通して集めた情報を分析・加工し、生きた情報としての活用度をいかに高めるかである。そのためには、情報のスクリーニングと、曖昧な情報に関しては指導教授などへの確認が必要となってこよう。

第5ルール
点→面への展開

就職活動においてターゲットとすべき業界や業種をしぼることは極めて重要である。しかし、学生の中には余りにも対象とする業界や業種を狭くしぼりすぎてしまい、就職戦線の中盤や終盤において方向転換ができずに苦戦を強いられる者も多い。こうした傾向は女子学生において顕著に見られ、就職戦線の初期における介入やアドバイスを必要とするケースが多い。ここで、具体的な事例を見てみよう。私のゼミ生には、毎年のように化粧品業界にターゲットをしぼり就職活動を展開するも、途中での方向転換がうまくいかず、内定時期が大きくずれてしまう学生が発生している。

こうした就職活動における失敗をなくすためには、図表2-22のように、ターゲットを「点から面」へと拡大する必要がある。たとえば、化粧品業界を目指すならば、化粧品という商品に狭くとらわれることなく、「女性に美を提供」するといったように幅広く捉えると、ターゲットにはエステ業界、下着メーカー、アパレル業界、フィットネス業界、宝石・貴金属業界などが含まれ、幅広い就職活動が可能となる。

しかも、就職活動は「女性に美を提供」することがキーコンセプトとなっているため、志望理由やエントリーシートの作成が、業界が異なってもその多くを流用できるため、きわめて容易となる。私は、学生の就職指導にあたっては特にこうした「点から面」への展開を強調している。

図表2-22　点から面への展開

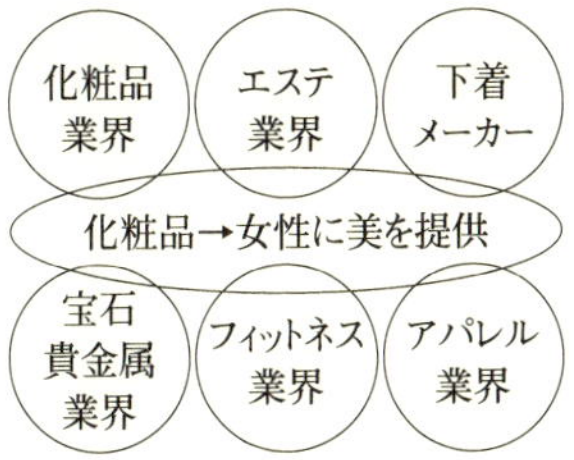

第6ルール　インターンシップへの参加

職業に対する実体験の裏付けがない大学生の就職活動は、どうしても企業や業界に対するイメージが先行し、展開されるために、入社後の実際の職務行動とそうしたイメージとが一致せず、前述したように一年目の転職が増加傾向にある。最近のインターネットを活用したe-ラーニングはこうしたイメージ先行型の就職活動を助長しているようにすら思われる。

一部の先進的企業においては、会社や仕事などの良い面ばかりでなく、悪い面も含めた現実的かつ具体的なRJP（Realistic Job Preview）情報を提供し、こうしたミスマッチングや早期退職を減少させようとする動きが見られる。

しかし、このような企業から提供されるRJP情報も重要であるが、イメージ先行型の就職活動におけるミスマッチングを発生させないためには、インターンシップがより有効と思われる。学生にとってインターンシップは、現実的な職業社会をみつめ、自分自身のキャリアや職業観を考えるきっかけとなる。また、実務的な実体験をすることで、大学で学んだ理論が実際の現場や職場でどのような形で活かされているのかがわかり、更なる学習意欲の喚起につながるとともに、さらに自分の専門性に磨きをかけ、将来のキャリア・ビジョン形成へと発展していく。このようにインターンシップには、現場における実際の職務体験を通して、大学生に対し自分の適性や専門性、さらには職業観といったものを認識させる効果がある。私が勤務する大学においても、インターンシップに参加した学生の内定率は高く、かつ内定先の企業レベルもインターンシップに参加しなかった学生と比べてかなり高い。
また、最近では松下電器や旭化成などに見られるような採用連動型インターンシップも出はじめている。

第7ルール　面接における“I think, Because”の励行

就職内定を獲得するための最後のルールは、面接において“I think, Because”を励行することである。面接は限られた時間のなかで最高の自分をアピールする場であり、企業の選考手段のなかで最も重視されている。

そうした採用面接において、企業の面接官から投げかけられた質問に対し、まず結論を述べ（I think)、次に結論に至った理由（Because）を簡潔に述べることが合格の大きなポイントとなる。採用面接におけるこうした応答の仕方は、面接官にロジカル・シンキングができるといった印象を与える効果があり、面接を成功裏に導いていくものと思われる。

さらに、I think, Becauseのみならず、面接官から投げかけられた質問に対し、素早く反応するquick responseが重要となる。なぜなら、面接で質問に対して求められているのは、正解ではなく、むしろ反応の良さや柔軟性であるからである。

注

（1）　ＪＧＳＳとは、Japanese General Social Surveysの略で、アメリカのＧＳＳ（General Social

Survey）に対する日本の総合的社会調査で、国際比較を念頭に入れ、日本社会の理解に不可欠な日本人の意識や行動の実態を把握することに主眼が置かれている。

（2） 太田は個人と組織の関わり方に関して、直接統合と間接統合といった二つの概念を援用し説明している。同氏によれば、直接統合は仕事よりも組織に対するコミットメントが高く、組織との一体化を強く志向しており、組織人モデルと位置づけられている。一方、間接統合とは仕事へのコミットメントが高く、仕事を通して組織と間接に関わっていくことを志向しており、仕事人モデルと位置づけられている（詳しくは太田肇『仕事人の時代』新潮社、一九九七年参照）。

（3） 中根は日本と欧米の社会における人間関係を、「場」と「資格」といった概念を援用し、日本社会における人間関係は職種（つまり、資格）よりも会社、すなわち場を強調する点に特徴があるとしている（詳しくは中根千枝『タテ社会の人間関係』講談社、一九六七年参照）。

（4） テンニースは人々の意志関係を、持続的な真実の共同生活を意味する「ゲマインシャフト」と、機械的な集合体・人工物としての「ゲゼルシャフト」に分類している。

（5） 永野仁編『大学生の就職と採用』中央経済社、二〇〇四年、九七～九八頁。

（6） 同上書、一〇八～一一〇頁。

第三章　多様化する企業の採用活動とＲＪＰ

1　人材採用の多様化

バブル経済崩壊後の長引く不況、グローバルに展開される企業間競争の激化などの影響を受け、企業は優秀な人材を厳選して採用する傾向をより強めつつある。そうした傾向は企業の人材採用においても顕著に表れており、従来のような量的代替効果を中心とした採用から「質的代替効果」を中心とした採用に活動の中心が移りつつある。特に、大卒の定期採用に関してはバブル期の大卒大量採用の反省にたち、自社の戦略や求める人材像にマッチする「質重視」の採用が展開されている。また、その一方で一九九七年に根本二郎・日経連会長（当時）の提唱で、戦後四六年にわたる就職協定の歴史に幕が引かれ、企業の採用活動においても大きな変化がもたらされた。これまでの採用

図表3-1　日経連の雇用ポートフォリオ

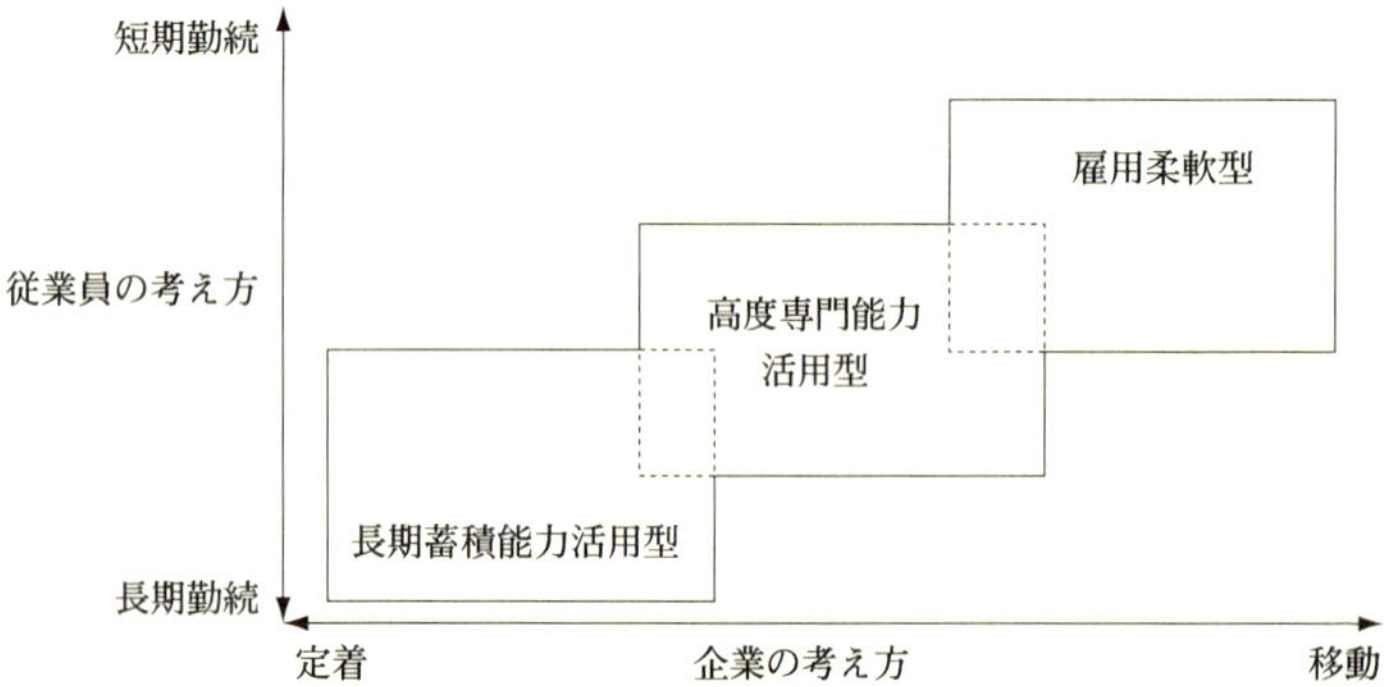

資料出所：日本経営者団体連盟『新時代の「日本的経営」』1995年，32頁

は就職協定にもとづく横並びの採用活動が中心で、終身雇用を前提に、学生個人の属性、すなわち出身大学、性別、性格などを総合的に勘案する、いわゆる「全人格的採用」が中心であった。と同時に、毎年の四月入社を前提とした新卒一括定期採用であった。

望ましい採用のあり方

しかし、企業はこうした毎年四月入社を前提として新卒を大量に、かつ一括で採用する採用方法から脱却をはかり、日経連の発表した雇用ポートフォリオに見られるように、企業に必要な人材群ごとに、その望ましい採用のあり方を模索しつつある（図表3-1）。

長期蓄積能力活用型はコア・コンピタンスを有し、将来にわたって企業のコアとなり得る人材群で、厳選した新卒人材が担っていくこととなる。高度専門能力活用型は図表2-17におけるスペシャリスト、プロフェッショナルと同様な人材で、これからの企業の生き残りを左右する新たな競争優位を生み出していく人材群である。特に、新素材やバイオ、ハイテク分野、新規事業開発、国際部門等においては即戦力の観点から高度な専門性を有した人材が必要となっている。こうした高度な専門性を有した即戦力な人材を採用するためには、オンデマンド型の採用とも言うべきヘッドハンティングによる採用や中途採用、キャリア採用などが必要不可欠である。雇用柔軟型は図表2-17におけるテンポラリーワーカーに該当するものであるが、企業内における業務量や費用対効果の観点から採用の是非が検討され、その必要性に応じてそのつど採用が実施される。

図表3-2　企業の新たな採用方法

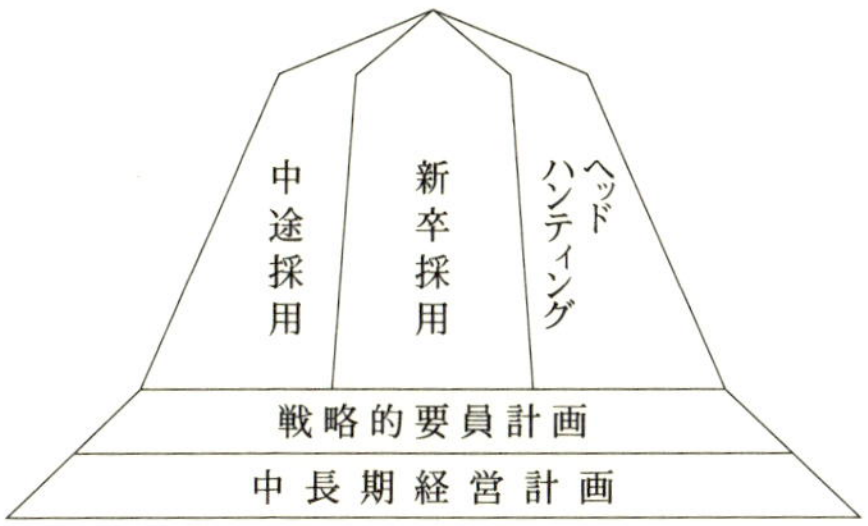

こうした企業の雇用ポートフォリオをベースにした新たな採用活動をまとめると、図表3-2のようになる。

また、すでに第二章で述べたように、若年層の職業意識の変化やキャリア志向の多様化にともない、採用方法も従来の全人格的な採用から職種別採用に切り換えていく必要があるものと思われる（詳しくは次節を参照）。ソニー、資生堂、オリンパス、富士ゼロックスなどの大企業を中心に展開されている職種別採用には、こうした若年層の職業意識の変化に応えるとともに、企業の新たな競争優位を生み出せる高度専門職業人を育成しようとする企業の二重の目的があると思われる。

さらに、インターネットの急速な普及により、新卒、中途を問わず

図表３－３　新しい採用方法の導入状況

（単位％）

	98年	99年	2000年	
通年採用	29.5	26.8	35.3	社会経済生産性本部『日本的人事制度の現状と課題』（2001年版）より
インターンシップ採用	9.0	13.9	24.9	
職種別採用	23.4	28.4	29.6	日経連『2000年度新卒者採用に関するアンケート』より
オープンエントリー	43.7	77.0	57.8	
大学名不問採用	25.5	32.4	28.4	

資料出所：労務行政研究所『労政時報』第3486号、2001年、３頁

ネットを活用した採用が一般的となっている。リクナビや毎日ナビに代表されるように、求人と求職を紹介するサイトが数多く運営され、ほとんどの企業が自社のホームページに採用情報や求人情報を掲載しており、インターネットを活用したエントリーや採用が急速に増加しつつある。

ところで、面接方法においても大きな変化が見られる。従来は書類選考と面接を中心とする静態的な採用方法が主流であったが、この方法では個人の性格的な側面の情報は得ることができても、行動面の特徴やビジネスシーンに必要とされるプレゼンテーション能力などは見ることができない。最近は行動的側面を実際の採用場面で見ようとする新たな試み、つまりコンピテンシーを活用した採用方法が一部の先進的企業で展開されはじめている。

新しい採用方法の導入状況

このように、企業をとりまく環境の変化や求められる人材の質的向上、さらには就職協定の廃止を契機に、これまでの横並び的な企業の採用方法や採用活動が大きく変化しつつあり、まさに採用方法

の多様化が本格化していると言っても決して過言ではない。こうした新しい採用方法の導入状況を示すと図表３‐３のようになる。

以下の節では、こうした新しい採用方法の実際の導入事例や運用上の課題などについて詳しく見ていきたい。

2　全人格的採用から職種別採用へ

図表３‐３を見れば、日経連の調査でも職種別採用を導入する企業の割合が高まっており、二〇〇〇年度においては約三〇％の企業において導入されている。職種別採用はこれまでは主に技術系や中途採用などで多く見られたが、最近では事務系や新規学卒採用に関しても導入する企業が増えつつある。

こうした職種別採用は、第一節でも述べたように、変化する若年層の職業意識や仕事志向の高まりに応えるとともに、新たな競争優位を生み出せる高度専門職業人を早期に育成することをその主なねらいとしている。

職種別採用の口火を切ったセゾングループ

ところで、このような職種別採用の口火を切ったのはセゾングループである。セゾングループは、一九八六年に「就社から就職」という新しいコンセプトにもとづいた採用方法として職種別採用を導入した。セゾングループでは、こうした職種別採用をOES（オーダーエントリーシステム）と呼んでおり、対象となる職種はマーケティングスタッフ、人事、財務・経理、法務、経営管理などのコントロールスタッフ、国際業務スタッフ、システム開発スタッフ、ファイナンス、フードサービス、ホテルなど一五種類にもおよんでいる。(1) 職種別採用であるOESにはセゾングループの各企業も参加し、グループ全体での効果的な人材の採用と資源の配分につなげることが期待されていた。制度導入時は説明会への参加者が倍増するとともに、新聞、雑誌などにも数多く取り上げられ、企業の採用活動に新風を吹き込んだ。OESには、採用後の適性とのミスマッチングに対応すべく、フォロー面接や職種の見直し、さらには会社間のローテーションまでが用意されており、システムとしての完成度はかなり高いものとなっている。

しかし、時代を先取りした採用システムであるOESも、抱いた職種のイメージと実際の業務とのズレの発生や企業をまたがった異動の困難性、さらには職種間の異動の困難性など、運用上の課題が発生し、現在では専門的な才能を要する人材や中途採用にしぼって限定的に運用されているようである。(2)

富士ゼロックスの事例

職種別採用の最新の事例として二つの事例を紹介しておこう。一つは富士ゼロックスの事例(3)であ

図表3-4　富士ゼロックスの新卒採用のステップ

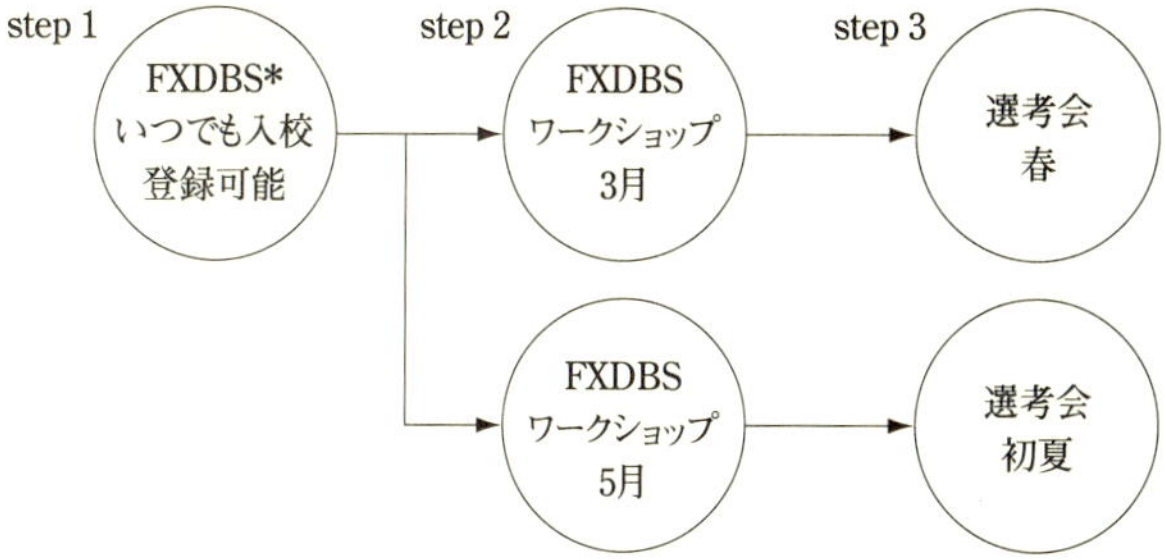

＊FXDBSとは、富士ゼロックスドキュメントビジネススクールの略

資料出所：労務行政研究所『労政時報』第3485号，2001年，20頁

る。富士ゼロックスでは、一九八八年以降ニューワークウェイ（New Work Way）をスローガンに掲げ、人事制度改革や社内環境作りに取り組んできており、その一環として一九九五年に新卒者の職種別採用を導入した。それ以前は営業職大量一括採用を実施しており、結果として会社全体が営業向きな同質的集団と化し、人材の均一化が懸念されていた。同社における職種別採用の目的は、こうした人材の均一化から脱却すべく、バラエティに富んだ異種異能な人材を獲得することにある。

職種別採用がスタートした一九九五年当時は、従来の営業職に、①法務、②経営企画、③知的財産、④経理・財務、⑤情報システム、⑥テクニカルライターの六職種が対象であったが、現在ではシステムエンジニア（SE）、調査、ロジスティック、国際調達、リサイクル技術、研究開発の六職種を加え、全体で一三職種にもおよんでいる。

同社のこうした職種別採用のステップは図表3-4のように、大きく三段階から成り立つ。まず第一段階は同社のホームページ上で開催される講座形式の会社説明会への登録で、登録はいつでも可能である。学生はウェブ上で登録をすると、質問をしたり、あるいは講座の理解度を確認するためのチェックなどが受けられる。

第二段階は三月と五月に開かれる二回のワークショップで、職種ごとのブースを設け、同社の現状や将来性、展開する事業テーマ、各職種の生の仕事情報などが紹介される。

第三段階は選考会で、職種ごとに一次面接が実施され、応募学生の適性が判定される。その上で、英語、一般知識テストが実施され、面接を経て最後に人事面接で合否が判定される。選考会は春、初夏の二回実施され、学生のベネフィットが考慮されている。

同社の職種別採用が新聞や雑誌等でよく取り上げられるのには、大きく二つの理由があるように思われる。一つは職種ごとに求められる資質と専門能力が明確になっている点である。たとえば、テクニカルライター（技術翻訳）職種の場合は、英文のドキュメントのライティング能力として、英検1級、TOEIC八五〇点以上、TOEFL六〇〇点以上のいずれかをクリアしていることが条件とされており、ロジスティックの場合はIE（Industrial Engineering）やOR（Operation Research）に関する専門知識・能力が必要とされる。

二つ目はこうした職種別採用の導入と並行して、人事制度を改善している点があげられる。同社では一九九九年に仕事・役割主義とコンピテンシーの導入を核とする新しい人事制度を導入しており、職種別採用で採用された新入社員がその後どのようなキャリア形成をすればいいかがわかるようになっている。また、同社では入社時に選択した職種を固定したものとはとらえておらず、キャリア・カウンセリング制度などを通じてローテーションをはかり、適材適所の実現が追究されている。

このように、職種別採用を生きた制度としていくためには、入社後のキャリア形成と担当する仕事・役割などが効果的に連動するよう人事制度も再設計するとともに、入社後一定年数経過後に職種見直しをサポートできるようなキャリア・カウンセリング・システムなども人事制度のサブ・システムとして必要となってくるだろう。

ソニーの事例

もう一つはソニーの事例である。ソニーの職種別採用は一九九一年に導入され、職種別採用の募集人員一〇〇名に対し、五、五〇〇名の応募があり、大きな反響を呼んだ。結果は文系二五〇名中八〇名を職種別で採用した。ソニーの職種別採用はオープンエントリーと呼ばれており、当初は学校名不問、公開試験、職種別採用の三本柱から成り立っていた。募集職種は、セールス・マーケティング、プロダクツプランナー、ビジネスプランニング、ファイナンス・アカウンティング、システムエンジニアリングなど一〇職種におよぶ。一九九七年のオープンエントリーにおける「VISION/ACTION SHEET」では大学名の記入欄が復活するとともに、応募職種も国内営業、広告宣伝、商品企画、経理・財務、法務・知的財産など一一職種となっている。さらに、職種も複数の選択を希望できる。

図表3－5　ソニーの職種別採用の職種一覧

理　　系	文　　系
電気系・通信系設計開発	テクノロジーマーケティング
ソフトウエア設計開発	特許
メカニカル設計	法務・知的財産
光技術開発	プロダクツマーケティング
半導体デバイス開発	（商品企画/マーケティング/営業）
材料基礎研究	経営管理・生産管理・事業管理
ディスプレイデバイス開発	財務
磁気応用商品開発	経理
バッテリー開発	Corporate Staff（広報・人事など）

資料出所：ソニー採用ホームページより作成

現在のソニーのオープンエントリーは、「ＡＣＴ１０１」と呼ばれており、大学時代の活動内容を一〇一個に分類したelement の中から自分自身に当てはまると思うものを選択し、エントリーするシステムとなっている。応募職種は図表3－5に見られるように、文系八職種、理系九職種である。

ソニーの職種別採用であるオープンエントリーは、多くの企業で見られる単なる職種別採用ではなく、「異才を育てる、キャリアを自分でつくる」というソニーの人材育成の哲学を実践すべく導入・展開されているもので、学歴・派閥不問の風土、中途採用、社内公募制、専門職制度などと効果的な連動を保ちながら展開されている点に大きな特徴がある。

以上、職種別採用に関しては二つの先進的事例を見てきたが、両者に共通して言えることは、職種別採用を単に採用方法の改善として導入するのではなく、入社後のキャリア形成が明確となるよう専門職制度の導入や人事制度の改善を並行して行なっているということである。さらに、入社時の職種を固定するのではなく、社内公募やローテーション、さらにはキャリア・カウンセリングなどと連動させることにより、職種転換を含め適材適所の実現を探求している点も共通している。職種別採用を生きたものにしていくためには、こうした二つの先進的な事例に見られるような対応や対策が必要と思われる。

3　コンピテンシーを活用した採用

企業にとって採用が成功したかどうかは、採用した人材が企業内で活躍し、業績をあげてはじめてその真価がわかることとなる。従来の大卒の新卒採用は量的代替効果を中心とした採用、つまり数あわせの採用が中心であったため、採用した人材がその後どのように活動し成果をあげたか、あまり問題視されることはなかった。

しかし、最近の成果主義の高まりやボーダレスに展開される企業間競争の激化などにより、大卒の新卒採用においてもポテンシャルの高い人材を求める傾向が強まりつつある。コンピテンシーを活用した採用はこうした背景をもとに先進的な企業において導入されている。

コンピテンシーとは、一九七〇年代にハーバード大学の心理学の教授で、達成動機理論で有名なマクレランド（McClelland, D. C.）によって研究がはじめられ、一九九〇年代に入ってアメリカの人的資源管理（ＨＲＭ）に導入されるようになったものである。わが国においても一九九〇年代の後半、人事のグローバルスタンダード化、成果主義が強まるなか、一部の大企業を中心にコンピテンシーベースの人事制度が導入されるようになった。こうしたコンピテンシーベースの人事制度の導入にともない、コンピテンシーが採用場面や教育場面でも活用されるようになっていった。

ところで、本来、コンピテンシーとは企業における高業績者（Hi-Performer）の成果達成の行動特性を表したものであるため、それを直接大卒の新卒採用の場面に使うことには自ずと限界がある。したがって、コンピテンシーを採用場面に使っていく場合は、次のようなステップが必要となってくる。

コンピテンシー導入のステップ

step 1　求められる人材像とそのコンピテンシーの明確化

コンピテンシーを採用場面に活用する際にまず必要となるのは「求められる人材像」である。求められる人材像は、できるだけ具体的に、たとえば職種ごとに求められる能力・スキルや行動特性などを明確にしなければならない。ただし、その際に注意を要するのはコンピテンシーを徒に職種単位に細かくしすぎると、採用や入社後の能力開発・教育に活用しづらくなるため、図表3-6のようにコンピテンシーを大きく「全社共通のコンピテンシー」と「部門固有のコンピテンシー」に分けて構築することが望ましい。全社共通のコンピテンシーはその会社の社員であれば職種や部門を越えて必要とされるもので、いわばコア・コンピテンシーとも言うべきものである。

コンピテンシーの抽出は、該当職種において高い成果をあげている高業績者に対するインタビュ

図表3-6　2階建てからなるコンピテンシー

R&D 研究開発	生産技術	営業 マーケティング	財務・経理	人事 管理部門
部門固有コンピテンシー				
全社共通コンピテンシー (core competency) リーダーシップ、コミットメント、変革マインド など				

ーを中心に、その行動特性を洗い出す形で行なわれる。コンピテンシーを採用や若手社員の人材育成などに限定的に活用していく場合は、こうした高業績者ばかりでなく、入社三〜四年目で高い成果をあげている社員にもインタビューし、その行動特性を明らかにする工夫なども必要となってくる。

ところで、コンピテンシー抽出にあたって留意すべき点は、高業績者のみならず、企業の経営トップに対してもインタビューするということである。経営トップへのインタビューから抽出されるコンピテンシーは、その会社の経営理念や企業文化、さらにはバリューを具現化したもので、全社横断的に共通に求められる行動特性であり、図表3-6における全社共通のコンピテンシーがこれにあてはまる。

step 2
コンピテンシーを活用した面接方法の構築

一般に、人のコンピテンシーとは、ある負荷がかかった状態の時にどう行動するかによってその見極めが可能とされている。従って、企業における採用場面でも同様のことが言え、こうした負荷のかかった状態を面接場面で設定することによってコンピテンシーの見極めが可能となる。もちろん、エントリーシートなどで、

「これまでの挫折・失敗体験などを記入してもらい、それをどう乗り越えたか」といったことをコンピテンシーとして読み替えて、面接の前段階のスクリーニングとして活用することは可能である。また、それを面接場面でインタビューに活用することもできる。しかし、このようなエントリーシートにおけるライフ・イベントなどを通して、その人のコンピテンシーを見極めることは極めて難しく、評価する人の恣意性に大きく左右される危険性がある。やはり、エントリー者のコンピテンシーを判定するには、行動特性がみられる面接場面が最適と思われる。

採用の面接場面でコンピテンシーをみる方法としては、これまでの人生における最も大きなライフ・イベントは何で、それに対してどのような行動をとったかを聞き出すような「インタビュー」や、あるテーマを設定し、それを基にディスカッションを展開させる「グループディスカッション」、さらには事前にある課題を与えて、それについて調べさせ、その結果を報告してもらう「プレゼンテーション」などが考えられる。

step 3　採用担当者へのスキル・トレーニングの実施

ところで、コンピテンシーを見極める方法と同様に、重要なのは面接担当者にコンピテンシーを見極める能力やスキルが十分備わっているかどうかということである。単なる流行として、コンピテンシーを面接場面で導入しても、面接する側にそれを見極めるスキルがないと、面接の評価結果に大きなブレが生じ、効果的な採用手段とはならない。採用担当者に対するトレーニングとしては、まずコンピテンシーに対する共通理解が必要であり、人事部が中心になり、ラインより招聘される面接担当者に対し、求められる人材と必要とされるコンピテンシーを相互確認する研修が必要と思われる。さらに、その研修の際には、これまでの最も大きなライフ・イベントに対してどのような行動をとったのかを聞き出すインタビュー手法（ビヘイビラル・イベント・インタビュー）のスキルトレーニングも併せて行なうことが必要である。

ＡＩＵ保険会社の事例

ここで、こうしたコンピテンシーを採用選考の一次面接に効果的に導入した事例としてＡＩＵ保険会社の事例[4]を紹介したい。

ＡＩＵ保険では、新卒採用の面接において、面接官の偏見、先入観による主観バイアスや被面接者に対する評価のバラツキなどが問題となっており、結果として競争力のある人材を採用する精度が落ちることが危惧されていた。

コンピテンシーは、こうした面接官による主観バイアスや面接官の判断基準の不整合を克服し、評価尺度の統一とシステマティックな面接法を導入する目的で、二〇〇〇年度（二〇〇一年四月入社者）の採用活動より導入されることとなった。具体的には、一次面接において次のようなステップからなるコンピテンシーインタビューを導入し、コンピテンシーレベルの高い学生の選抜に活用している。

コンピテンシーインタビューのステップ

ｓｔｅｐ1「あなたが今までに達成したことのなかで、最も大きなことは何ですか」

⇩

ｓｔｅｐ2「まず最初に」と聞いて場面を想像させ、「まず最初に何をしましたか」と質問し、行動を聞く

⇩

ｓｔｅｐ3「なぜそれをしたのですか」と質問をする

⇩

ｓｔｅｐ4「ほか（次）に何かありますか」と質問し、次の場面での行動を聞く

こうしたステップからもわかるように、同社では「考えさせる面接」よりも「思い出させる面接」とすることで、その場面ごとに何を考え、どう行動したかのを具体的に聞き出し、学生のコンピテンシーの具体化をはかっている。学生時代の行動を入社後のコンピテンシーに読み替えるためには、単に運や偶然に頼らず本人の強い意志や意図によって行動が展開されたかどうかを見極める必要がある。同社の思い出させる面接に重点をおく考え方はこの点を考慮にいれているものと思われる。

さらに、同社では評価尺度の統一の観点からコンピテンシーレベルを図表3-7のように、大き

図表3-7　コンピテンシーの評価レベル

レベル	具体的行動の内容
レベル1	部分的、断片的で問題を引き起こす行動（問題行動）
レベル2	やるべきことをやるべき時にやった行動（受動行動）
レベル3	明確な意図、判断に基づく行動（能動行動）
レベル4	独創的工夫を加えた行動（創造行動）
レベル5	パラダイムを転換した行動（変革行動）

資料出所：労務行政研究所『労政時報』第3485号、2001年、40頁

く五段階に区分している。一応の合格ラインはレベル3以上とされているが、あまり厳格な運用とはせず、ほかの面で優れたものがある場合は次の選考段階に進ませることもありうる。

同社では、第一次面接にコンピテンシーを導入した効果について、①エントリー学生の行動が根拠のあるものかどうかが見抜けるようになった、②明確な意志や意図に基づく行動を基準に即戦力になりうる人材の選別が可能となった、③内定者の歩留まり率が向上した、などをあげている。

なお、同社がコンピテンシーを一次面接にのみ導入しているのは、コンピテンシーをベースにした共通の面接法で、早期の段階でポテンシャルの高い人材の母集団をつくりあげ、その後の二次、三次面接でその母集団の中から同社の社風や企業文化などに合うかどうか、さらには一緒に働きたい仲間であるかどうかといった採用の核心の部分が十分に見極められるとの判断があるからである。

最後に、コンピテンシーを採用場面に活用する際の留意点について触れておきたい。採用とはヒューマン・リソース・フローのまさに入り口の部分で、配置・異動、能力開発、人事評価などの人事諸制度と連動

してこそ効果的な人材マネジメントが可能となる。

したがって、コンピテンシーを単に採用場面にのみ導入するのではなく、コンピテンシーベースの人事制度を構築し、採用以外の人事に求められる機能、すなわち配置・異動、能力開発、昇進・昇格、人事評価などと効果的な連動をはかっていくことが必要となってくる。こうした人事制度との連動がはかれてこそ、採用場面でのコンピテンシーの導入の効果が高まるものと思われる。

4 インターンシップを活用した採用

最近、大学サイドでは大学生の職業観を醸成する観点から、また企業サイドでは大学生の就業体験を支援する観点からインターンシップ制度を導入する機運が高まりつつある。二〇〇二年四月の日経新聞社の調査によると、インターンシップを導入している企業は約二五%で、導入予定を含めると約四〇%にもおよぶ。また、実施企業の約一八%はインターンシップを採用に直結していると回答している。

大学におけるインターンシップの導入状況

それに対し、大学におけるインターンシップの導入状況は、文部省「大学等における平成九年度インターンシップの実施状況調査」(平成一〇年)によれば、平成九年度にインターンシップを授業

図表3-8　インターシップの促進要因

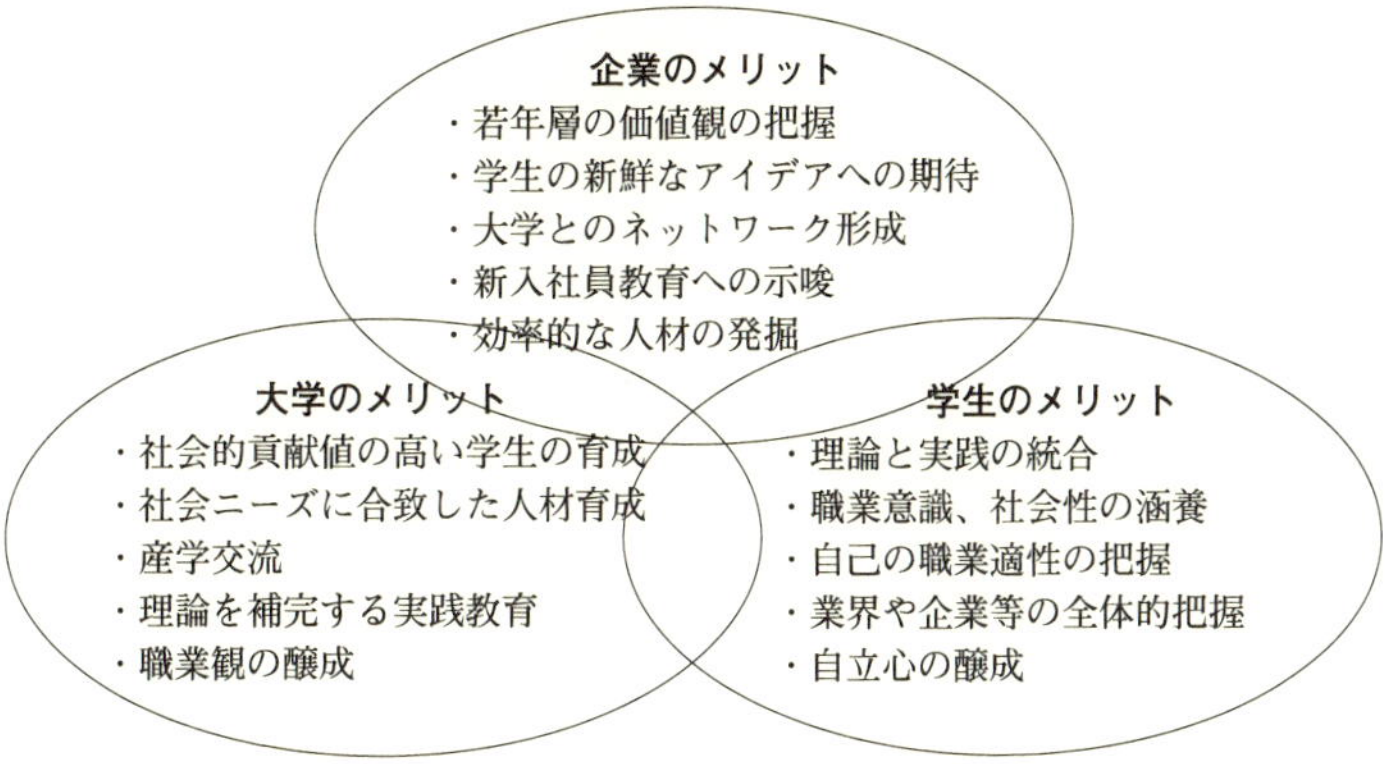
企業のメリット
・若年層の価値観の把握
・学生の新鮮なアイデアへの期待
・大学とのネットワーク形成
・新入社員教育への示唆
・効率的な人材の発掘
大学のメリット
・社会的貢献値の高い学生の育成
・社会ニーズに合致した人材育成
・産学交流
・理論を補完する実践教育
・職業観の醸成
学生のメリット
・理論と実践の統合
・職業意識、社会性の涵養
・自己の職業適性の把握
・業界や企業等の全体的把握
・自立心の醸成

科目として位置づけている大学は、大学全体で一八・三%で、内訳は国立大学が四七校で四八・〇%、私立大学が六〇校で一三・九%と国立大学での導入率が高くなっている。私の勤務する大学でも、経営学部を例にとるならば、一九九八年よりインターンシップを正規の授業科目として導入しており、例年八〇〜九〇名近い学生が参加している。

インターンシップ（internship）という語は、医師のインターン（intern）が語源とされており、会社などにおけるいわゆる見習いという意味に使われている。言い換えるならば、現在のインターンシップはいわば「試し就職」としての色彩が強く、アメリカにおける就業体験制度のなかのinternshipとCo-op Programを総称したものである[5]。つまり、インターンシップとは、大学生に企業等で一定期間の就業体験およびその機会を与える仕組みと要約できよう。

こうしたインターンシップに大学、企業が積極的に取り組む要因としては図表3-8のようなものが考えられる。

インターンシップの3タイプ

ところで、インターンシップをその目的や実施形態などを基準に分類してみると大きく三つのタイプにわけられる。

一つ目は「社会的責任論型」である。これは一九九七年五月の閣議決定を受けて出された「経済構造の変革と創造のための行動計画」に基づき、旧文部省、通商産業省、労働省の三省で設置された「インターンシップ推進のための三省連絡会議」を受けて、産官学交流の促進の観点からインターンシップを推進するものである。企業はこうした国のインターンシップ制度推進政策を受けて、産学交流に向けた企業の社会的責任を果たすべくインターンシップを引き受けており、企業等における実際の業務を体験する形で展開されている。インターンシップの期間としては通常一〜二週間程度で、夏期ないしは春期の休みの期間を利用して行われる。一部交通費程度は支給されても、無報酬で実施されるのが一般的である。こうした業務体験型インターンシップは、形態としては最も多く、学生の教育的側面に比重がおかれている点に大きな特徴がある。

二つ目は「成果重視型」である。これは特定のテーマや課題を与えられて、プロジェクトの一員として、あるいは学生のみで結成されたプロジェクト・メンバーとして実際に企業活動に参加するインターンシップである。与えられるテーマとしては、コンピュータソフトの開発や新製品・新規事業の開発、さらには市場調査などが多く、期間としても比較的長く、通常一〜三カ月程度が多い。こうしたインターンシップは教育的側面よりもむしろ期間と責任を限定した疑似社員としての体験を重視した点に大きな特徴がある。したがって、多くの場合は報酬は支給されるが、テーマや課題、アウトプットのレベルによっては支給されないケースもある。

三つ目は「採用連動型」である。これはインターンシップを通して優秀な人材を早期に囲い込むもので、採用と連動させるため冬休みや春休みを利用して実施されることが多い。具体的な事例としては、外資系コンサルティング会社や大手シンクタンクなどで実施されているサマージョブやスプリングジョブを通してのポテンシャルの高い学生のエンクロジャー（囲い込み）などがあげられる。また、企業においても同様の試みが展開されており、たとえば松下電器産業やディスコなどではインターンシップが就業体験型と採用直結型の二本立てとなっており、採用活動との効果的連動が追究されている。インターンシップを導入する大学や企業が増えるのにともない、参加学生の目的意識が単に就職に有利といったように、形骸化しつつあり、企業にとってもインターンシップのメリットが低下しつつある。したがって、今後は何らかの形で、インターンシップを採用と連動させる企業が増加するものと予想される。

松下電器産業の事例

ここで、今後増加が予想される採用連動型のインターンシップの事例として松下電器産業とディスコの事例(6)を紹介することとする。

前述したように、両社に共通しているのはインターンシップを就業体験型と採用連動型の二本立てにしている点と、採用連動型のインターンシップはいずれも春に行なっている点である。

松下電器産業では、採用連動型のインターンシップを「ウォーミングアップ・プログラム」と呼んでおり、就職を控えた大学三年生と修士一年生を対象（既卒者も可能）に、春休みの三月に実施されている。期間は二週間（実働一〇日間）で、対象職種は営業・マーケティング、資材購買、eネット事業、知的財産権、マネジメント（人事、法務）、SEの六職種となっている。一日千円の昼食の補助と通勤費は支給されるものの、報酬は支給されていない。採用との関連では、二〇〇二年まではインターンシップ終了時に、職務適性評価を点数化し、一〇〇点満点の八〇点以上は「A」とし、本人が入社の意思表示をすれば内々定、六〇～七九点は「B」とし、事前選考を経ずに最終面接まで進めるようになっていた。しかし二〇〇三年以降は、インターンシップの趣旨をより明確にする観点から、こうした評価を行なわず、三月は研修の期間とし、四月以降に評価のフィードバックを行なうよう変更した。こうしたフィードバックを経て本人の意思表示を確認した上で、四月中旬以降に同社としての採用選考を改めて行なうこととなる。

ディスコの事例

一方、ディスコでは採用連動型のインターンシップを「採用直結型インターンシップ」と呼んでおり、翌年三月までに卒業予定の大学院生、大学生を対象に、二～三月にかけて実施されている。基本的には人員を受け入れる可能性のある全職種が対象で、半導体製造装置の開発業務、切断加工技術の研究開発、営業に関する業務、部品調達（購買）に関する業務、人事に関する業務など一二職種におよんでいる。インターンシップの期間は、就業体験の四日間と終了後のプレゼンテーション一日の合計で五日間（一週間）である。インターンシップには、一日につき三〇〇〇円の日当が支給されるが、そこには交通費・食事代が含まれている。採用との関連では、受入部署による学生の就業体験の評価と役員へのプレゼンテーションの二つの結果を踏まえて採用の可否を検討し、評価が高ければ内定となる。役員へのプレゼンテーションは、「ディスコに入社したらどういう活躍ができるか」について、二〇分程度となっており、インターンシップの効果ややる気、能力などが判定される。なお、入社後は原則として、就業体験した部署への配属が約束されている。最後に、こうしたインターンシップを実りの多いものにするための留意点をあげておきたい。

大学側の留意点

まず、学生を送り込む大学側の留意点としては次の二点があげられる。一つ目は「インターンシップの目的の明確化」である。インターンシップの成否は目的の明確化にあるとさえ言われており、目的が明確であれば、それに応じて送り込む学生の選抜や事前教育も連動させることができ、教育効果を高めることが可能となる。ここで私が勤務する大学のインターンシップの目的を参考までに以下に示しておきたい（図表3-9）。

二つ目は「事前学習の徹底とフォローアップの実施」である。インターンシップの教育効果を高

図表3－9　大学におけるインターンシップの目的例

インターンシップの目的

理論と実践の統合	主体的学習意欲の醸成	職業マインドの涵養
これまで学んだ理論や知識を実際の企業実習を通して体得させ、実践へと結びつける。	学生が主体的に自己の学習目的・課題を設定し、その習得に向けて行動を起こすことを支援する。think‐act‐discuss のできる人材の育成。	学生に企業実習を通して、企業の社会的存在意義や役割を認識させると同時に、自らの職業意識を育成させる。

めるためには、対象者の選抜における慎重さはもちろんのこと、予備知識の習得に向けた事前学習が必要となる。事前学習の内容としては、ビジネスマナーおよびパソコンスキルの習得、企業の存在意義と社会的責任、組織運営の原則などが考えられる。また、フォローアップの内容としては学習内容の振り返りと総括、職業意識の醸成と就職活動への反映などが考えられ、インターンシップ体験者による全体学習とゼミ担当の教員による個別指導なども必要となってこよう。

企業側の留意点

一方、企業側の留意点も次のような二点があげられる。まず一つ目は「インターンシップの目的の明確化とタイプの選定」である。前述したように、インターンシップには、その目的に応じて三つのタイプがあり、自分のところはインターンシップを企画する段階でどの目的とタイプを選定するのかを、教育効果を念頭に入れ、決定しなければならない。

二つ目は「募集スペックの明確化」である。インターンシップの目的とそのタイプを決定した後に必要となるのは、募集職種やそこに求められる要件などの明確化である。こうした募集スペックの明確化がなされないでインターンシップが実施された場合は、受け入れた学生と実際のインターンシップの内容とにミスマッチが生じたり、受入部署で教育計画が立てにくいといった現象が発生することも危惧される。もちろん受入にあたっての事前学習や終了後の事後学習などは、教育効果の向上や採用との連動の観点から重要であることは言うまでもない。

5　企業の採用とＲＪＰ

採用活動において、企業が学生に提供する情報は採用後の定着性に影響をおよぼすと同時に、結果として企業の採用活動の評価を左右する可能性すらあると思われる。採用場面で入社後の具体的な仕事情報や会社の雰囲気などを学生に伝えていれば、一般によく指摘されている「こんなはずではなかった症候群」の学生のエントリーや早期退職を少なくとも阻止することが可能となり、企業、学生の双方にとってもメリットが多くなるものと思われる。

しかし、わが国においてはこうした企業が提供する情報と学生が必要とする情報のミスマッチの程度や、提供する情報の有効性や効果性などに関する本格的な研究や調査があまり実施されていないのが現状である。

ＲＪＰ（Realistic Job Preview）

一方、アメリカにおいては一九八〇年代に入り離職率の低減や雇用保持（リテンション）の観点から、ＲＪＰ（Realistic Job Preview）が企業の採用担当者の関心を集めるようになった。ＲＪＰはアメリカの産業心理学者のワナウス（Wanous, J 1975）によって提唱されたものである。入社前に企業の良い面も悪い面も含めて、現実的な仕事内容や職場の環境、雰囲気、社風などをエントリー者に対しできる限り明らかにした上で、それらを承知したエントリー者の中から採用者を選考・決定する理論である。リクルートワークス研究所の解釈によれば、ＲＪＰとは「ありのままを見せる本音採用」ということになろう。ワナウスはサザン・ニュー・イングランド・テレホン（SNET）をはじめとする一連の実証的研究から、ＲＪＰには次のような四つの心理的効果があることを指摘する。[7]

①ワクチン効果（過剰期待を事前に緩和し入社後の幻滅感を和らげる効果）
②スクリーニング効果（自己選択、自己決定を導く効果）
③コミットメント効果（入った組織への愛着や一体化の度合いを高める効果）
④役割明確化効果（入社後の役割期待をより明確かつ現実的なものにする効果）

さらに、わが国においてもこうしたＲＪＰが重要であることをいち早く主張した金井（一九九三）は、こうした四つの心理的効果は新卒採用のみならず、中途採用や社内公募、さらには管理職への登用などにおいても効果があることを指摘する。

こうしたＲＪＰを伝える手段としては、図表３-10のようなものが考えられる。

アサンテの事例

リクルート社の『Works』48号のＲＪＰ特集において、ＲＪＰを導入した採用により離職率が大きく低下した事例としてアサンテ（シロアリ駆除などを行なう環境衛生会社）が紹介されている。同誌によれば、アサンテにおいてはＲＪＰを導入した「本音セミナー」を開催する以前は、新人の離職率が年間三〇～四〇％であったものが、この方式に切り換えてからは十数％に激減するとともに、入社後も前向きで仕事意欲にあふれた新人が増加していることが報告されている。ＲＪＰを導入した採用セミナーがスタートした当初は、セミナー参加者の数は半減したものの、応募率そのものは参加者の七割にアップし、応募総数も前の年を上回ることとなったようである。同社では、「アサンテで働きたい」という強い気持ちをもった人材に来てもらうことが、会社にとっても、本人にとっても一番幸せなことであるとしている。こうしたアサンテの事例は図表３-10における説明会を通しての口頭による本音情報の伝達ということになる。

図表３-10　ＲＪＰを伝える手段

手段・媒体	方　法
広告会社案内	書面によるもの
ビデオネット	映像によるもの
説明会 インターンシップ 試験 面接	口頭あるいは 実地によるもの

資料出所：リクルート『Works』48号、2001、28頁

野村総合研究所の事例

一方、金井（二〇〇二）は会社案内にＲＪＰを掲載した事例として野村総合研究所（略称：野村総研ＮＲＩ）の事例を紹介している。一九九七年度版の野村総研の会社案内には、「組織としてのＮＲＩ、仕事／職場の雰囲気」、「新入社員時代」、「ＮＲＩの先輩社員／人間関係」、「仕事の量と勤務時間」、「ＮＲＩの課題」に関して、誤算の部とうれしい誤算の部が社員の本音として生々しく記載されている。私自身も二つの大手のシンクタンクに勤務した経験から、野村総研の会社案内におけるＲＪＰには共感するとともに、ここまでの本音情報を会社案内に掲載した同社の勇気と戦略に心より拍手を送りたい。とかく昨今のコンサルティング・ブームやナレッジマネジメント・ブームの影響を受けて、多くの大学生・大学院生が仕事のスマートさや働く環境に対するイメージの良さなど、独りよがりな思いこみを抱き、シンクタンクを受けるケースが増えつつある。しかし、その実態は入社後の長時間労働、プロジェクトベースの仕事の進め方、クライアントとのリレーションの難しさなどに直面し、思い悩んでいる、あるいは困惑している社員が少なからず存在する。最近、大手シンクタンクなどで実施されているサマージョブやスプリングジョブといったようなインターンシップは、単にポテンシャルの高い人材を早期に囲い込むだけではなく、その背景にはプロジェクトベースの仕事のやり方や研究員、コンサルタントの仕事内容を理解してもらおうという現実的な仕事情報、すなわちＲＪＰの提供があるものと思われる。

また、公文教育研究会では内定者に対し、入社前に自分の居住地の近くの同社の公文教室を訪問させ、同社の業務内容や教育方法などを見学することを義務づけている。これなどもいわばRJPの提供であり、ワナウスが主張するワクチン効果やコミットメント効果があるものと思われる。

学生が望むRJPの内容

ところで、RJPの内容として学生が望んでいるものは、就職ジャーナルの調査によれば、「具体的な仕事内容」、「採用選考基準」、「企業が求める具体的能力・人物像」が上位を占める（『就職白書二〇〇〇』）。前章で紹介した永野らの調査では、「仕事のやりがい」、「仕事の内容」、「社風」、「能力向上の機会」などが上位を占める。こうした二つの調査から、大学生が企業より提供されるRJPとして最も強く望んでいるのは「仕事の内容」であることがわかる。これは大学生が入社後担当する業務に最も関心と不安を抱いていることを物語るとともに、前章で述べた大学生の職業意識における仕事志向の高まりとも符合する結果となっている。

注

（1）詳しくは産業労働調査所『賃金実務』一九九〇年一月一・一五日号参照のこと。
（2）ワイアット人事コンサルティングチーム編『インパクトプログラム』経営書院、一九九三年、一三七〜一三八頁。
（3）富士ゼロックスの事例の記述に関しては、労務行政研究所『労政時報』三四八五号（二〇〇一年）における特集「変わる企業の採用事情」を参考にしている。

（4）　ＡＩＵ保険会社の事例の記述に関しては、職種別採用と同様、労務行政研究所『労政時報』三四八五号（二〇〇一年）における特集「変わる企業の採用事情」を参考にしている。
（5）　古閑博美編『インターンシップ』学文社、二〇〇一年、八～九頁。
（6）　松下電器産業とディスコの事例の記述に関しては、労務行政研究所『労政時報』三五八二号（二〇〇三年）における特集「採用連動型インターンシップ」を参考にしている。
（7）　金井壽宏『働くひとのためのキャリア・デザイン』ＰＨＰ研究所、二〇〇二年、一九〇頁。

第四章　若年層の雇用機会の減少とフリーター化

1　若年層をめぐる雇用・失業状況

若年層の学歴別・年齢別失業状況

第一章で述べたように、新卒無業者や大卒フリーターが増加している。新卒無業者は二〇〇一年度において、同年度の大卒者の約五人に一人の割合にまで増加しており、一二万人近くにおよぼうとしている。大卒フリーターの方は二〇〇三年度においては一八万人を突破しており、同年度の大卒・短大卒の約二八％にもおよぶまでに至っている。

一方、近年、国全体の失業率が五％台半ばで推移する中で、次世代を担う若年層、とりわけ二五歳未満の若年層の失業率が高く一〇％に近づいており、若年雇用において極めて重要な課題となっ

図表4-1　年齢・学歴別失業率と非正規雇用率

（単位：%）

	男性		女性（無配偶）	
	完全失業率	非正規雇用比率	完全失業率	非正規雇用比率
15〜24歳	11.3	19.8	8.8	25.6
中学卒	22.2	26.9	−	70.0
高校卒	10.0	21.5	9.6	29.8
短大・高専卒	8.9	15.0	6.1	18.7
大卒・大学院卒	10.2	11.4	8.8	16.7
25〜34歳	4.9	7.0	7.0	24.6
中学卒	14.5	9.4	14.3	58.3
高校卒	5.1	7.1	9.6	28.6
短大・高専卒	2.6	7.0	4.3	22.0
大卒・大学院卒	3.3	5.7	4.4	17.2

注：在学生を除いている
完全失業率＝完全失業者／（就業者＋完全失業者）
非正規雇用比率＝非正規雇用者／役員を除く非農林業雇用者
原資料：総務省統計局「労働力調査特別調査」（2000年8月）
資料出所：㈶雇用振興会編『民間企業における高学歴者の採用・育成・活用』雇用振興会、2004年、30頁

ている。

若年層の失業状況を二〇〇一年八月の総務省「労働力調査特別調査」に基づき、学歴別に見てみると、一五〜三四歳の若年層の失業者は中学卒・高校卒で一〇一万人にも達しているのに対して、短大・大学卒以上は四一万人となっている。失業者数におけるこうした学歴格差は他の年齢層においても顕著に存在しており、失業者は学歴の低い層において多く発生している。中高年層の失業に多くの関心が集まるなか、四五〜五四歳の失業者数は五一万人存在するのに対し、一五〜三四歳の若年層の失業者は約三倍の一五五万人を超えている。

若年層の失業率と非正規雇用比率

若年層の失業状況を率で見てみると、図表4-1のようになる。これからわかることは学歴が低

い若年層ほど失業率と非正規雇用比率が高い。これは学歴が高い大卒者・大学院卒者は正規雇用者として雇われる可能性の高いことを物語っている。

非正規雇用比率に関しては男女間の格差が大きく、女性の非正規雇用比率が男性に比してかなり高い。なかでも特に、一五〜二四歳の中学卒においては七〇％の人が、二五〜三四歳の中学卒においては五八％を超える人が非正規雇用者である。女性の高卒者もいずれの年齢層でも約三〇％前後の人が非正規雇用者として雇われている。

いずれにしても、男女とも一部、短大・高専卒との逆転現象は見られるものの、総じて大卒・大学院卒の学歴の高い若年層が失業率、非正規雇用比率いずれにおいても低く、わが国の労働市場においては恵まれた存在と要約することができよう。

若年層と中高年層の失業率比較

次に、こうした若年層の失業率の上昇傾向を中高年層と比較してみると、若年層の失業率の伸びの方が中高年層の伸びよりもかなり高い（図表4-2）。なかでも一五〜一九歳と二〇〜二四歳の層の失業率の伸びが高く、中高年の失業率の伸びの約二倍にもおよんでいる。

規模別に見た若年層の雇用状況

さらに、若年層の雇用状況を企業規模別に見てみると、図表4-3のようになる。ここからもわ

図表4-2　失業率の変化

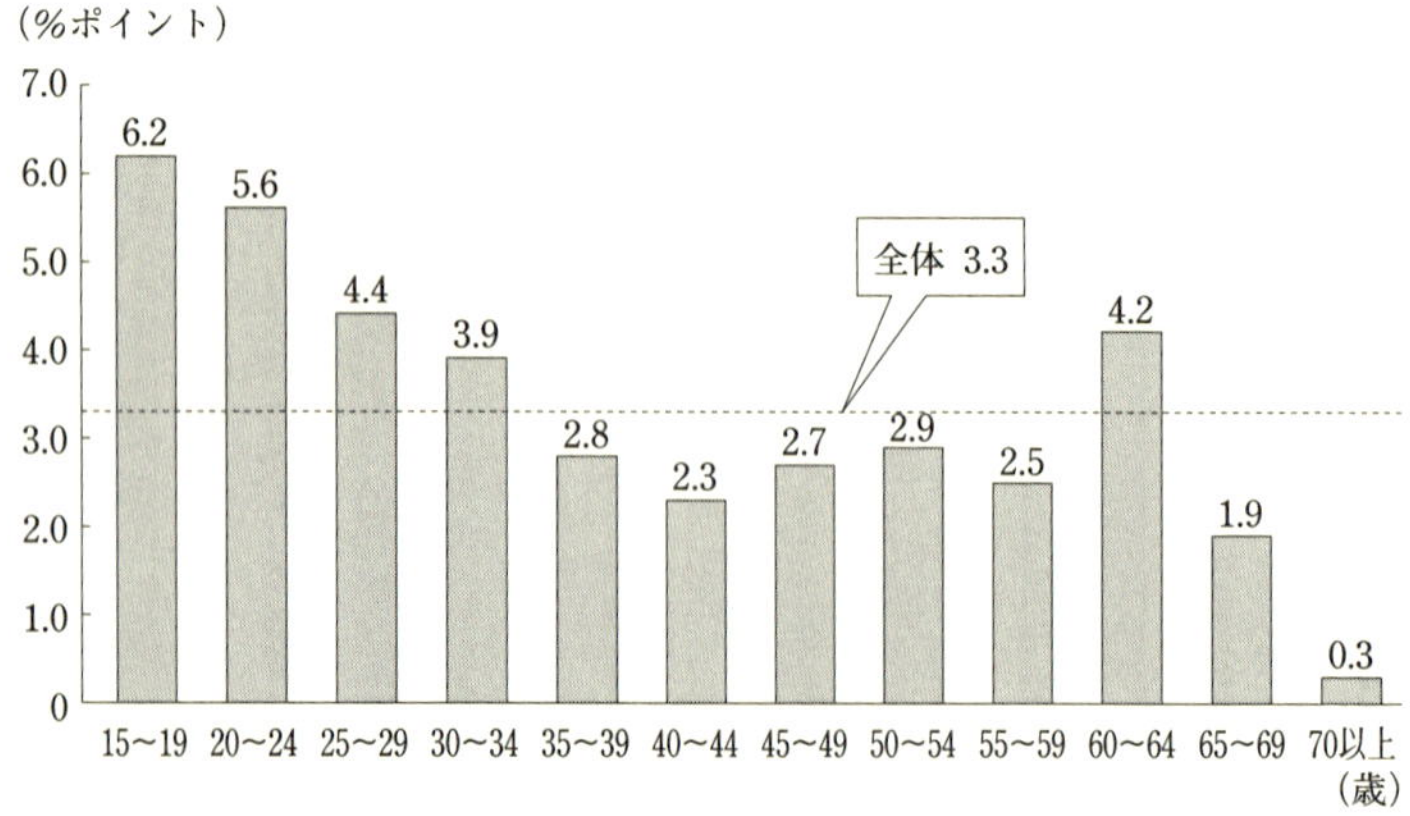

注）200年と1990年を比較した年齢別層の失業率の上昇幅
資料出所：内閣府編『平成15年版国民生活白書』51頁

かるように、一〇〇〇人を超える大企業や一〇〇〜九九九人の中企業での二九歳以下の若年層の労働者全体に占める比率が大きく低下しており、雇用過剰感が予想される。なかでも大企業における若年層の比率の低下は大きく、二〇〇一年においては一〇年前と比較して八・九％も低下している。これまで新卒採用の最大の受け入れ先であった大企業や中企業での雇用過剰感が、新卒採用を抑制するとともに、労働者に占める若年層の比率を大きく低下させているものと思われる。

　このように、若年層をめぐる雇用環境は失業者数、失業率の両面において中高年層よりも厳しさを増しており、そうした厳しさが新卒無業者の増加や大量のフリーター発生につながるとともに、新卒者の就職率や内定率の低下につながっているものと思われる。特に若年層をめぐる雇用環境の厳しさは学歴の低い層において顕著に表れており、学歴格差が存在

図表4-3　労働者に占める若年層の比率

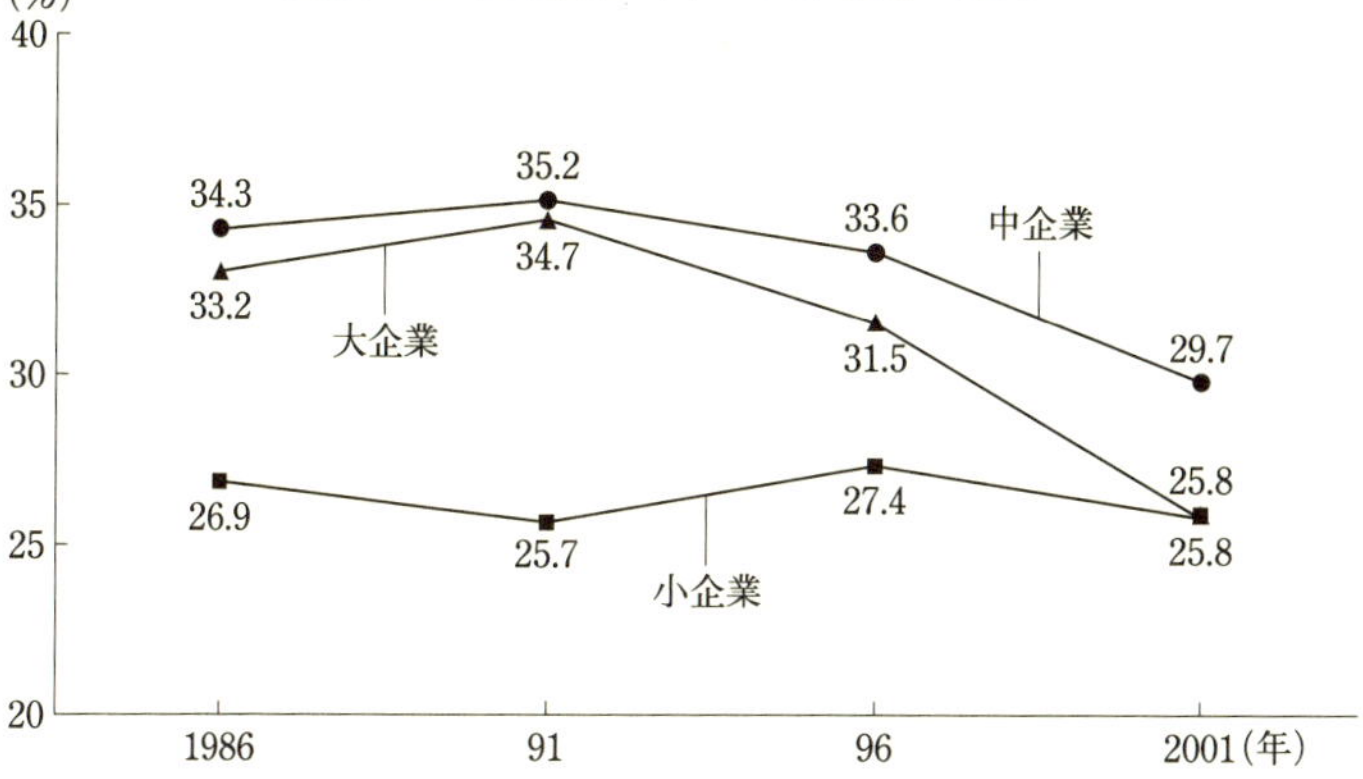

備考　1　厚生労働省「賃金構造基本統計調査」により作成。
2　企業規模別にみた労働者全体に占める，29歳以下の労働者の割合の推移。
3　大企業は労働者数1,000人以上、中企業は100～999人，小企業は10～99人。
4　「労働者」とは15歳以上の常用労働者。「期間を定めずに雇われている労働者，1か月を超える期間を定めて雇われている労働者，1か月以内の期間を定めて雇われている労働者で，4月，5月にそれぞれ18日以上雇用された労働者」を指す。
資料出所：内閣府編『平成15年版国民生活白書』52頁

している。次節では若年層をめぐる雇用環境の厳しさの背景やその要因について見ていくこととする。

2　雇用環境の厳しさの背景とその要因

若年層の労働市場の変化

若年層をめぐる雇用環境の変化に関しては二つの見方がある。一つは第二章で見てきたように、若年層の就業意識や働き方の変化などにより、自発的な離・転職が増加しており、その結果として若年層の失業者やフリーターが増加しているとするものである。これはいわば働く若年層側、すなわち労働力の供給サイドにたった見方である。

もう一つは、全く逆のサイド、すなわち労働力の需要サイドから若年層の雇用環境

図表4-4　労働力人口に占める常用雇用者の比率

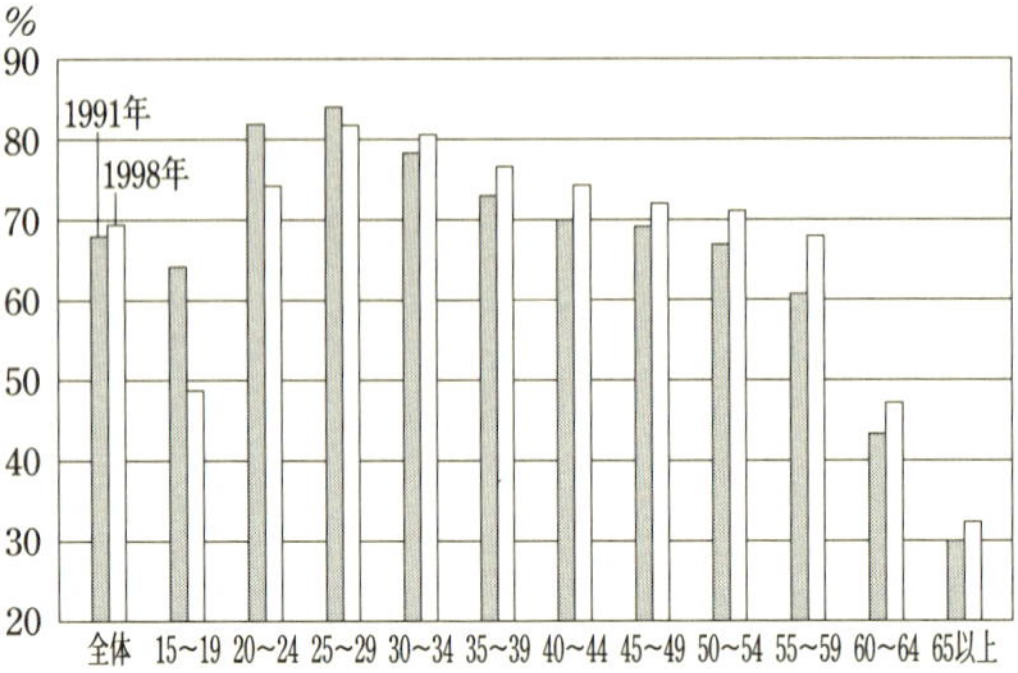

資料出所：玄田有史『仕事のなかの曖昧な不安』中央公論新社，2001年，50頁

の厳しさをとらえる見方である。玄田（二〇〇一）は、若年雇用をめぐっては大きな誤解があるとの認識にたち、労働力の需要サイドから若年層の雇用環境の悪化を説明している。図表4-4は労働力人口に占める常用雇用者の比率を表したものであるが、一九九一年から九八年にかけて常用雇用者の比率は全体的にわずかながら上昇しているものの、三〇歳未満の若年層においては減少している。なかでも一五〜一九歳の層においては半数を超える程度が常用雇用者として雇われているに過ぎない。それに対し、三〇歳以上の年齢層では常用雇用者の比率は上昇しており、特に五五〜五九歳の層の伸び率は中でも最も高いものとなっている。これはわが国における労働力の高齢化を如実に物語るものであると同時に、中高年労働者の余剰感をも意味している。玄田は、こうした中高年の余剰感やその雇用機会の維持が若年層の雇用環境を悪化させているとし、こうした現象を中高年雇用の「置換効果」ないしは「既得効果」と呼んでいる(1)。

図表４－５　新規高卒者の求人内容（就職先の規模と職種）の変化

（単位：％、斜体実数：千人）

卒業年	1991年	2001年	卒業年	1991年	2001年
規模別計*1	*518.4* 100.0	*195.3* 100.0	職種別計*2	*620.6* 100.0	*244.5* 100.0
1000人以上	28.2	13.9	専門技術	4.3	4.4
500〜999人	12.1	7.1	事務	29.4	13.0
300〜499人	9.4	8.1	販売	16.0	12.0
100〜299人	22.3	24.6	技能生産工程	33.6	43.9
30〜99人	17.5	26.9	サービス職	11.1	18.1
29人以下	10.5	19.4	その他	5.6	8.7

資料出所：小杉礼子編『フリーター自由の代償』日本労働研究機構、2002年、18頁

新規高卒者の労働市場の変化

次に、影響が顕著に表れる新卒採用の労働市場の変化について見ていくこととする。まずは新規高卒の労働市場の変化から見ていきたい。

厚生労働省職業安定局『新規学卒者の労働市場』によれば、新規高卒者に対する求人は、一九九二年の一六七万人を最高にその後大幅に減少し、二〇〇二年には二四万人にまで落ち込んでいる。また、合わせてその求人内容も大きく変化している。図表４-５からもわかるように、新規高卒者の就職先の規模は一〇〇〇人以上の大企業は二八・二％から一三・九％へと大きく低下しているのに対し、三〇〇人以下の中小企業が増加しつつある。なかでも三〇〜九九人および二九人以下の小企業への就職の増加が著しい。一方、職種に関しても大きな変化が見られ、事務職が二九・四％から一三・〇％へと大きく低下しているのに対し、技能生産工程などの職種は三三・六％から四三・九％へ、サービス職は一一・一％から一八・一％へと大きく増加している。販売職は一六・〇％から一二・〇％へとわずかな

図表４－６　新規大卒者の求人内容（就職先の規模と職種）の変化

（単位：％、斜体実数：千人）

卒業年	1991年	2001年	卒業年	1991年	2001年
規模別計[*1]	*277.8* 100.0	*330.5* 100.0	職種別計[*2]	*347.9* 100.0	*312.5* 100.0
1000人以上	53.2	31.0	専門技術	39.8	32.3
300～999人	21.4	20.1	事務	39.1	35.5
100～299人	13.5	19.3	販売	17.9	22.8
30～99人	5.6	13.5	技能生産工程	0.2	0.2
５～29人	2.8	13.7	サービス職	1.4	4.3
			その他	1.6	5.0

資料出所：小杉礼子編『フリーター自由の代償』日本労働研究機構、2002年、20頁

がら減少している（図表４－５）。これらからわかることは、新規高卒者に対する求人は規模の面で三〇〇人未満の中小企業からの求人が増加する一方で、職種の面で事務や販売などのホワイトカラーの求人が減少し、技能生産などのブルーカラーやサービス職の求人が増加している。

小杉ら（二〇〇二）はこうした新規高卒者に対する求人の悪化要因として、①構造的不況に代表される景気要因、②高学歴者への代替、③非正規従業員への移行、④高校における進路指導のあり方、⑤高校生の職業能力や職業意識の形成上の問題、などをあげている。

新規大卒者の労働市場の変化

図表４－６は新規大卒者の就職先の規模と職種の変化を表したものである。これを見れば、新規大卒者の就職先の規模は高卒者と同様に、一〇〇〇人以上の大企業が五三・二％から三一・〇％へと大きく減少していることがわかる。それに対し、三〇〇人以下の中小企業への新規大卒者の就職が増加しており、

特に一〇〇人未満の小企業への就職が急増している。一方、職種別の変化に関しては大きな変化は見られず、専門技術職、事務職、販売職などの比率が高く、高卒者とは大きく異なる。

新規大卒者の入職状況

図表４－７は新規大卒者の二〇〇二年度における産業別の入職状況を表しており、これらから大卒の約六割の学生が「卸売・小売業、飲食店」、「サービス業」に採用されていることが明らかである。二つの産業はその規模も小さく、担当する職種の幅もそれほど広くないのが実状である。新規大卒者の大企業への就職が大きく減少し、中小企業への就職が増加しているのは、こうした産業別の入職状況からも説明できる。

このように、新規大卒者に対する求人は職種的には大きな変化は見られないものの、企業規模の面で大きな変化があり、一〇〇〇人以上の大企業への就職が激減し、反面中小企業への就職が大きく増加している。企業規模、職種の両面で大きな変化が見られる新規高卒者とは明らかに異なった現象であり、その背景には異なった要因があるものと思われる。

図表４－７　新規大卒者・高卒者の産業別入職状況（2002年度）

（単位：％）

	大学卒	高校卒
	100.0 〔302〕	100.0 〔260〕
建設業	6.1	7.6
製造業	18.8	27.9
運輸・通信業	2.8	4.5
卸売・小売業、飲食店	30.0	39.4
金融・保険業	6.8	1.6
不動産業	1.5	0.1
サービス業	33.6	18.5
その他	0.4	0.3

注：〔　〕の中は人数を表している。単位は千人

資料出所：労務行政研究所『労政時報』第3572号、2003年、60頁

そこで以下では、こうした新規大卒者の求人内容が大きく変化した要因を探っていきたい。

新規大卒者の求人悪化の要因

求人悪化の第一要因　新規大卒者の求人悪化の最も大きな要因は、景気低迷による労働需要の大幅な減少と大学への進学率の上昇にともなう労働供給量の大幅な増加とのミスマッチによるものである。高校卒業者は、一九九二年の一八一万人をピークにその後減少傾向にあり、二〇〇二年には一三一万人となっている。そうした中で、大学への進学者は一九九〇年代の半ば以降、六〇万人前後で推移しており、一八歳人口の減少の影響を受けて大学への進学率は一九九〇年の三〇・六％から二〇〇二年には四四・八％と大幅に上昇している。図表4-8は大学卒業者の推移を表したものであるが、これからも明らかなように、大学卒業者が一九九〇年の四〇万人から二〇〇二年には五五万人と年々増加傾向にある。

このように、大学卒業者が増加する一方で、景気の低迷による労働需要の大幅な減少により、大学卒業者に対する求人倍率は低下傾向にあり、一九九八年の一・六八倍から二〇〇〇年には〇・九九倍まで大きく低下している。その後は徐々に増加しており、二〇〇三年には一・三〇倍にまで回復している。

大学卒業者に対する求人倍率の低下を受けて、大学卒業者の就職者数は一九九七年の三五万人をピークに、その後減少し、二〇〇二年には三一万人となっている。その結果、大学卒業者に占める

図表4-8　大学卒業者数の変化

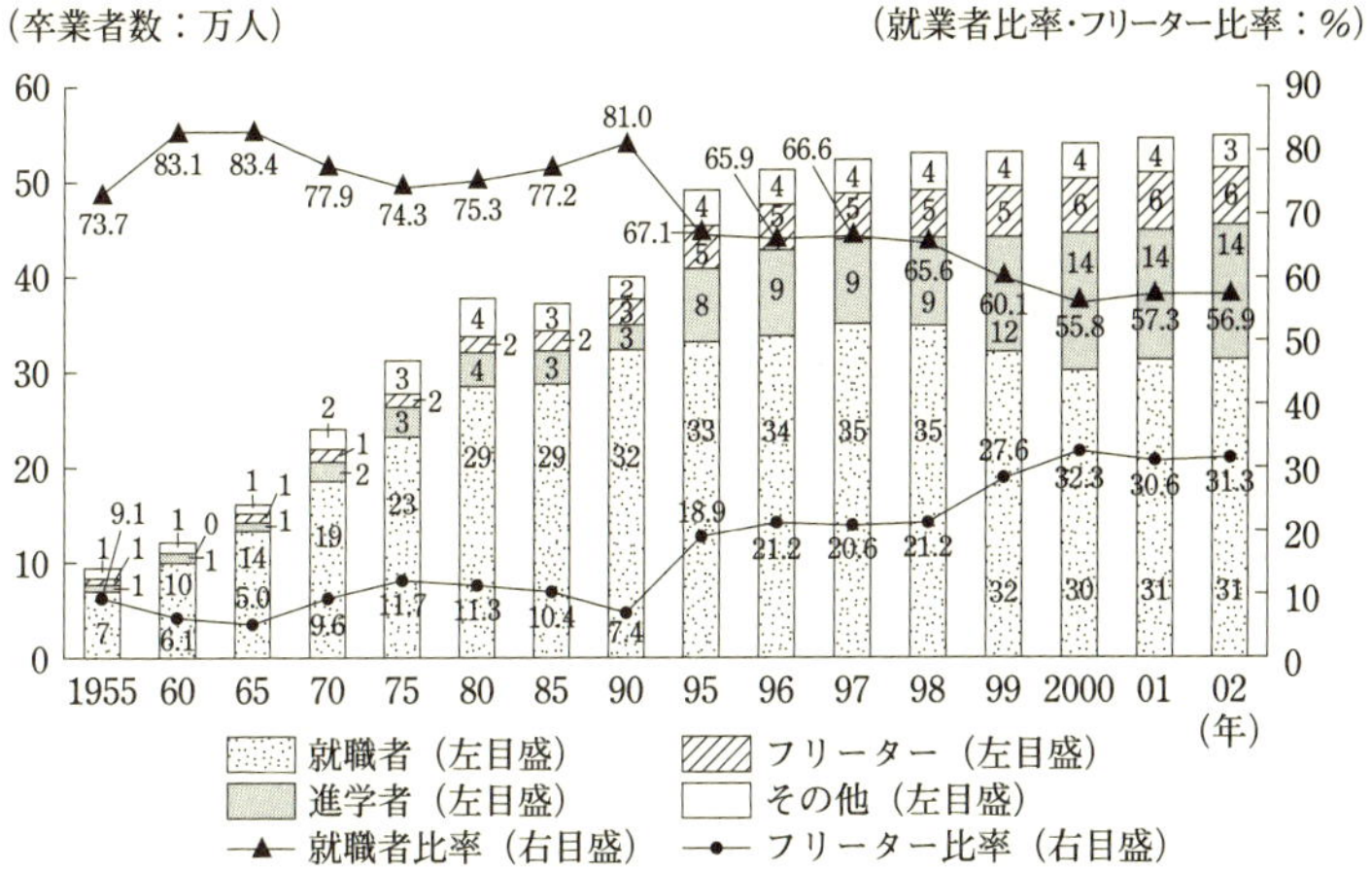

資料出所：内閣府編『平成15年版国民生活白書』2003年，49頁

就職者の割合は一九九〇年の八一・〇%から二〇〇二年には五六・九%と大きく低下している。

求人悪化の第二要因

新規大卒者の求人悪化の要因の二点目は派遣社員などの活用による非正規従業員への代替である。厚生労働省職業安定局民間需給調整課が二〇〇一年度に行なった調査によれば、派遣労働者数（一般労働者派遣における常用雇用労働者＋登録者＋特定労働者派遣における常用雇用労働者）はかなり増加しており、直近の二年の伸び率は二〇%を超え、約一七五万人におよぶ。なかでも一般労働者派遣の伸びは著しく一四五万人に達する。

　派遣労働者数から登録者を除いた常用換算派遣労働者数は六一・二万人となり、まさに正社員と同じ働き方をしている。その結果、わかりやすく言うならば六一万人の正社員としての雇用の機会を奪うこととなる。また、派遣労働者の業務の種

図表4－9　新規学卒者と中途採用者に関する採用方針の変化

（上段：企業数　下段：%）

	総 数	新卒者を非常に重視	新卒者重視だが中途採用もかなり重視	どちらも重視	中途採用の方を重視	その他	無回答
過去3年間	370 100.0	127 34.3	140 37.8	79 21.4	12 3.2	5 1.4	7 1.9
今後3年間	370 100.0	74 20.0	147 39.7	111 30.0	12 3.2	16 4.3	10 2.7

資料出所：財団法人雇用情報センター『通年採用に関する調査研究報告書』2002年、104頁

類を見てみると、一般労働者派遣は「事務用機器操作」、「財務処理」、「ファイリング」が上位三位を占め、特定労働者派遣においては「ソフトウエア開発」、「機械設計」、「事務用機器操作」が上位三位を占める。高卒者において事務職の採用が半減したり、大卒において事務職や専門技術の採用が減少しているのは非正規従業員への代替、つまり雇用形態の多様化が大きく影響しているものと思われる。

求人悪化の第三要因

新規大卒者の求人悪化の要因の三点目は通年採用の本格化である。財団法人雇用情報センター『通年採用に関する調査研究報告書』（二〇〇二年）によれば、新規学卒者と中途採用に関する採用方針に関して、過去三年間と今後三年間で大きな変化がみられることが報告されている（図表4-9）。これによれば、「新卒者を非常に重視」が三四・三%から二〇・〇%へと減少しているのに対し、「どちらも重視」が二一・四%から三〇・〇%へと上昇している。同様の調査結果は東京経営者協会「新卒採用アンケート」（二〇〇二年）でも出ており、年間の新規採用者に占める中途採用の比率が五〇%以上とする企業の割

合が上昇している。

このように、企業における新規大卒者の採用は、人件費の変動費化や柔軟な雇用調整の観点から、派遣労働者などの非正規労働者に対する依存度を高めるとともに、ＩＴを中心とする技術革新への対応や即戦力な人材を調達する観点から、中途採用やキャリア採用に対する依存度を高めつつある。こうした傾向は景気如何にかかわらず、今後も続くものと予想され、新規大卒者をめぐる労働市場は引き続き厳しさが予想される。

3　フリーターの実態とその類型化

若年層をめぐる雇用機会の減少からフリーターが増加している。フリーターに関しては第一章で若干触れてはいるものの、厳密な定義やその実態については明らかにしていないので、ここでそれを明らかにしていきたい。

フリーターという言葉の誕生と定義

フリーターという言葉は、もともとは一九八七年にリクルートのアルバイト情報誌『フロム・エー』がフリーアルバイターを意味する言葉として生み出したものであるが、これまでいくつかの定義がなされており、その代表的なものをここで紹介しておきたい。厚生労働省平成一二年度版の

『労働白書』では、「年齢が一五〜三四歳であり、現在就業している者については勤め先での呼称がアルバイトまたはパートの雇用者で、男性については継続就業年数が五年未満、女性については未婚で仕事を主にしている者」としている。また、現在無業の者については「家事も通学もしておらず、アルバイト・パートの仕事を希望する者」としている。一方、若者の就業行動の変化に関する研究会を設置した日本労働研究機構（現、労働政策研究・研修機構）では、フリーターを、「年齢は一五〜三四歳、在学はしておらず、女性については配偶者のいない者に限定し、①有業者については勤め先の呼称がパート・アルバイトである雇用者、②現在無業者については家事も通学もしておらず、パート・アルバイトの仕事を希望する者」と定義している(2)。

さらに、内閣府平成一五年度版の『国民生活白書』では、「一五〜三四歳の若年（ただし、学生と主婦を除く）のうち、パート・アルバイト（派遣等を含む）及び働く意志のある無職の人」と定義している。学生と主婦が除かれたのは、学業や育児の傍ら、自ら選んでパート・アルバイト、派遣労働等に就く場合が多い学生アルバイトや主婦パートの議論とを分析上、区別するためである(3)。

フリーターに関する代表的な定義のなかで、厚生労働省の定義には有業者に学生アルバイトが含まれる可能性があり、無業者に関しても既婚者が混在してしまう可能性がある点からすると、日本労働研究機構の定義の方がフリーターの実態把握には適していると思われる。また、日本労働研究機構の定義と内閣府のそれを比較すると、極めて類似しているが、派遣労働を含むか含まないかという点と、無職の人がパート・アルバイトの仕事を望むか、働く意志があるかどうかという点二つの点においてその違いがある。こうした両者の差がフリーター数の違いとなって表われている。より若年層の雇用実態をみるという意味においては最広義の内閣府の定義が妥当と思われる。

フリーターに関する調査主体の定義の違いにより、その数にはバラツキがあり、平成一二年度版の『労働白書』では、一九九七年時点で一五一万人としており、日本労働研究機構の調査では、二〇〇一年時点で二〇〇万人を超えており、さらに平成一五年度版の『国民生活白書』では、二〇〇一年時点で四一七万人となっている。四一七万人という数字は、一五～三四歳の若年人口の九人に一人（一二・二％）、学生、正社員以外の主婦を除いた若年人口全体の五人に一人（二一・二％）といった多さである。

フリーターの実態に関しては、上記の三つの調査のなかで日本労働研究機構の小杉ら（二〇〇二）が詳しくその実態を分析している（図表4-10）。性別的には女性の方がかなり多く、年齢的には男女を問わず、二〇～二四歳層が多数を占めており、その構成比は年々上昇傾向にある。学歴的には低学歴者が多く、なかでも最も多くを占めるのが高卒者であり、約半数を占めている。まさに、安田（二〇〇三）がその著書である『働きたいのに…高校生就職難の社会構造』で指摘しているように、「就職できない高校生」がフリーターとなっている。大卒者も一九九二年のバブル崩壊時には男性で八・八％が二〇〇一年には一二・五％に、女性で七・一％が八・〇％に増加しており、その構成比率を高めている。一方、地域的には明らかに大都市圏に集中しており、それ以外の地域の占める割合が年々低下傾向にある。なかでも京浜および京葉大都市圏の構成比が大きく増加してい

図表4-10　フリーターの年齢・学歴・地域別構成

（単位：%）

		男性					女性				
		1982	1987	1992	1997	(2001)	1982	1987	1992	1997	(2001)
	合計	100.0	100.0	100.0	100.0	100.0	100.0	100.0	100.0	100.0	100.0
年齢	15～19歳	19.9	26.1	24.0	17.8	57.1	14.1	19.1	15.5	11.4	54.9
	20～24歳	36.0	40.2	42.8	45.0		46.4	45.5	47.7	50.2	
	25～29歳	22.9	20.4	22.6	25.5	42.9	27.4	26.5	27.7	28.1	45.1
	30～39歳	21.2	13.2	10.6	11.8		12.0	8.9	9.1	10.3	
学歴	小学・中学	29.1	25.5	25.6	21.1	71.3	13.2	14.7	14.7	9.4	65.0
	高校・旧中	53.7	58.4	58.2	56.2		51.8	55.2	54.9	53.2	
	短大・高専	5.0	6.1	7.4	10.1	16.3	25.6	22.3	23.2	28.8	26.8
	大学・大学院	12.2	10.0	8.8	12.5	12.5	9.3	7.8	7.1	8.4	8.0
	無回答	0.0	0.0	0.0	0.1		0.0	0.0	0.0	0.1	
地域	京浜大都市圏			38.8		−	27.9	28.5	33.4		−
	京浜葉大都市圏	35.1	36.7	0.4	39.4	−			0.4	33.2	−
	中京大都市圏	4.2	5.7	7.0	7.2	−	5.5	6.0	7.0	7.1	−
	京阪神大都市圏	15.0	17.1	18.2	16.5	−	16.9	17.5	17.7	19.1	−
	北九州・福岡大都市圏	4.5	3.7	3.9	4.1	−	5.0	5.3	4.6	4.0	−
	その他の地域	41.1	36.7	31.6	32.8	−	44.7	42.7	36.9	36.6	−

資料出所：小杉礼子編『フリーター自由の代償』日本労働研究機構、2002年、29頁

る。

フリーターの働き方の実態

問題なのは、フリーターの働き方の実態である。男女ともフリーターの六割弱は年間の就労日数が二〇〇日以上と正規従業員と大差がない。しかし、その年収は男女とも一〇〇～一四九万円が最も多く、正規従業員と比較しても一〇〇万円ほど水準が低い（図表4-11）。平成一二年度版労働白書においても、フリーターの一カ月の平均収入は一〇～一四万円が三割と最も多くなっており、同様の結果が報告されている。こうした賃金をめぐる労働条件の低さがフリーターに家族との同居を促すとともに、同居者すなわち両親の経済的援助をうけることにつながっているものと思われる。まさ

図表4-11　年収比較（20〜24歳・年間200〜249日就業）

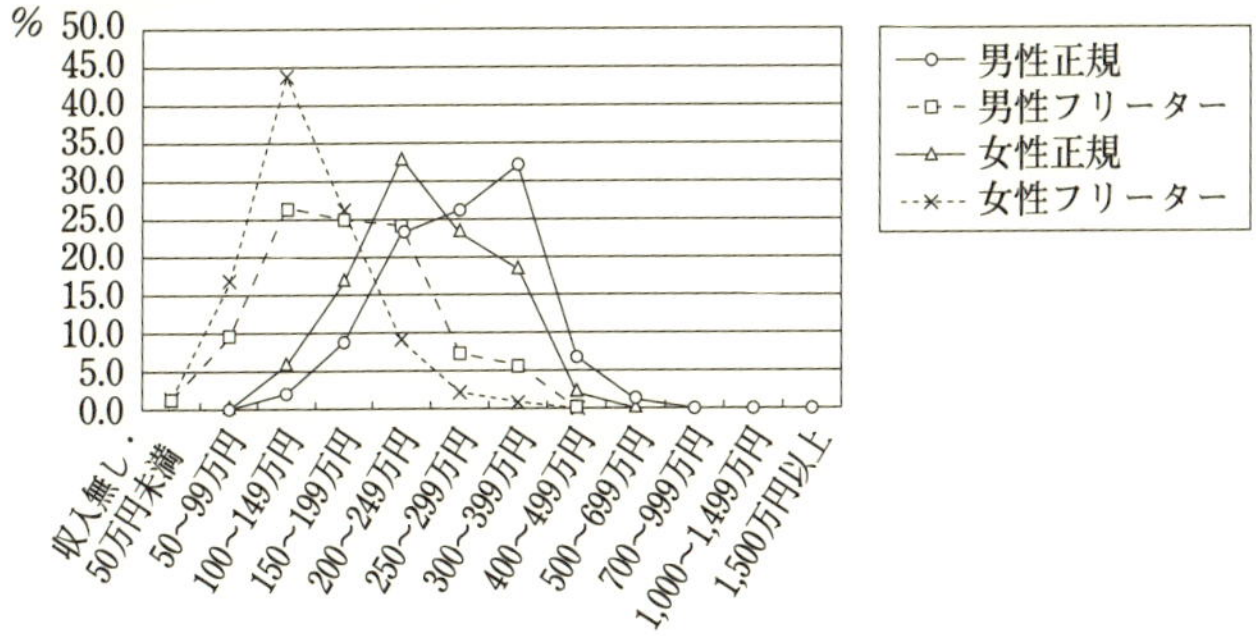

資料出所：小杉礼子編『フリーター自由の代償』日本労働研究機構，2002，60頁

に、このようなフリーターをめぐる賃金水準の低さが山田昌弘（一九九九）の主張する「パラサイト・シングル」誕生の温床につながるとともに、国の基礎的消費の拡大や年金財政に負の効果をもたらしているといっても決して過言ではない。最近では『フリーター亡国論』（丸山俊著、ダイヤモンド社）なる本までが出版されているのはこうしたフリーターをめぐる実情を危惧してのことと思われる。

フリーターの三タイプ

ところで、日本労働研究機構の小杉を中心とする「若者の就業行動研究会」ではフリーターをその契機と当初の意識に着目し、次のような三つのタイプに分類している。まず一つ目は「夢追求型」で、役者やアーティストなど、特定の職業に対する明確な目標をもってフリーターをやっているタイプで、同研究会が行なった東京都内のフリーターに対するヒアリング調査では一四％がこうしたタイプである。

二つ目は「モラトリアム型」で、何をしていいかわからず、とりあえずフリーターをやっているタイプで、全体の四七%を占め、最も多い。

最後のタイプは「やむを得ず型」で、本当は正社員になりたいが、労働市場の悪化や家庭の事情等でフリーターをやっているタイプで、全体の三九%を占めている。

小杉はこうしたフリーターの三つのタイプのうち、「やむを得ず型」は大卒のほうが多い傾向にあり、年齢が若い層、すなわち学歴が低い層では「モラトリアム型」が多いことを指摘している。(4) 進学率の上昇にともなう労働供給量の増加と景気低迷による労働需要の減少により、大卒者への求人が大きく減少しつつある現状から判断するならば、大卒者がやむを得ずフリーターを選択している点は大いに納得できる。一方、学歴が低い層ではいまだ職業意識が確立しておらず、結果として将来を決めるのを先送りする回避的行動が見られる点から、モラトリアム型が多いこともうなずける結果となっている。

4 大卒フリーターの実態とその背景

一九八七年にフリーターという言葉が誕生して以降、正社員になれずアルバイトで生活維持をはかっている大卒フリーターが増加しつつある。しかも、大学の進学率の上昇とともに、大卒フリーターが増加している。その数は図表1-2および1-3からも明らかなように、当初は五六、三〇〇人程度であったものが、二〇〇三年度においては一八万人を超えており、同年度の大学・短大の卒業生数の約二八％にもおよんでいる。まさに卒業生の四人に一人の割合を上回る多さである。

地域別大卒フリーターの発生状況

次に、大卒フリーターがどういう地域で、どんな学部で、どんな難易度の大学で発生しているのかを見て、大卒フリーターの実態にせまっていきたい。まずは地域であるが、リクルートワークス研究所の分析によれば、大卒フリーターが多い地域は沖縄、九州、北海道となっており、地方の景気を反映したものとなっている（図表4-12）。また、京阪神や関西、首都圏なども多いが、それは大都市圏の方が地方よりも経済のサービス化・ソフト化が進んでおり、大卒フリーターが働けるサービス産業の集積が多いことが大きな要因と考えられる。

学部別大卒フリーターの発生状況

学部別には、男女とも芸術系、人文系、教育系で大卒フリーターが多くなっているのに対し、工学系が最も低い（図表4-13）。同様の調査結果は日本労働研究機構の「日欧の大学と職業——高等教育と職業に関する一二カ国比較調査結果」（二〇〇一）でも報告されている。工学系が最も低いのは大学院への進学が多い点と就職活動が研究室単位で行なわれており、就職活動のバックアップ体制がととのっている点などが大きく影響しているものと思われる。保険医療系が高くなっているのは、医学部の卒業生に固有に見られるパートタイムの医者として勤務する雇用慣行が大きく影響しているものと思われる。

大学の設置者・難易度別大卒フリーターの発生状況

興味深いのは大卒フリーターの大学の設置者・難易度別の発生状況である。図表4-14からもわかるように、設置者別には一部公立の女子で数値は高いものの、全体的には私立よりも、国立、公立の方が大卒フリーターの発生は低い(5)。大学の難易度別には、偏差値が高い私立1の大学群では男女とも大卒フリーターが最も少なく、偏差値が低い私立4の大学群では最も多い。なかでも私立4の大学群における女子学生では四割の人が大卒フリーターとなっている。これらの分析結果からわかることは、大卒フリーターの発生と大学の設置者・入学難易度との関係にはなんらかの形で相関があり、入学難易度が低い私立大学群において大卒フリーターが多く発生している様子が読みとれる。

5　フリーターに対する評価

ところで、フリーターに対して企業はどのような評価を与えているのであろうか。わが国の労働市場の特徴は二四歳までの有効求人倍率が最も高く、加齢とともに入職が難しくなることが指摘されている。また、企業が事務職を中途採用するに際して最も重視しているものは「職務経験」、「熱

図表4-12　大卒フリーターの地域別分類

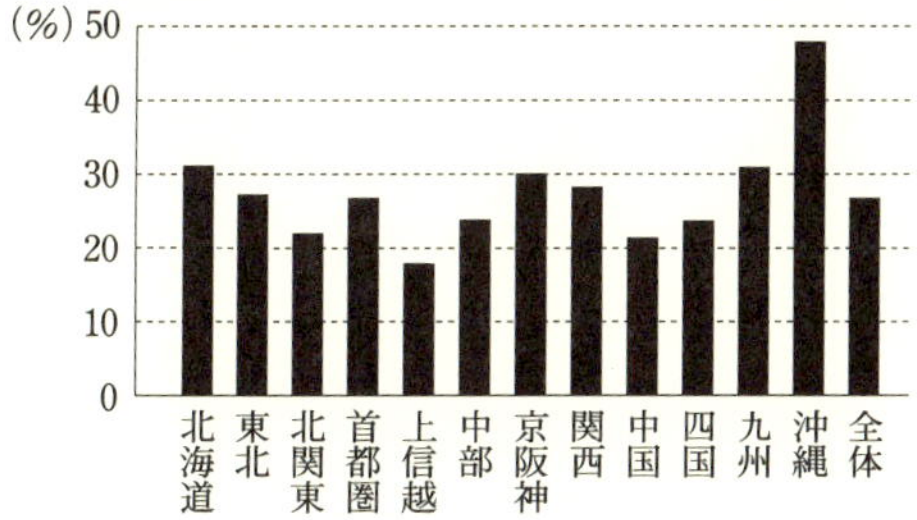

資料出所：文部科学省『学校基本調査』

図表4-13　大卒フリーターの学部別分類

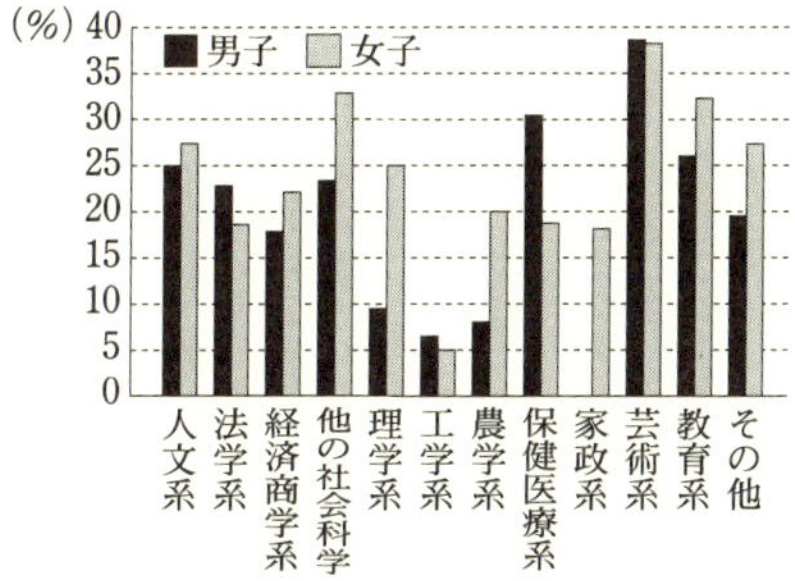

資料出所：リクルートワークス研究所『Works』Aug-Sep.65, 17頁

図表4-14　大卒フリーターの設置者・入学難易度分類

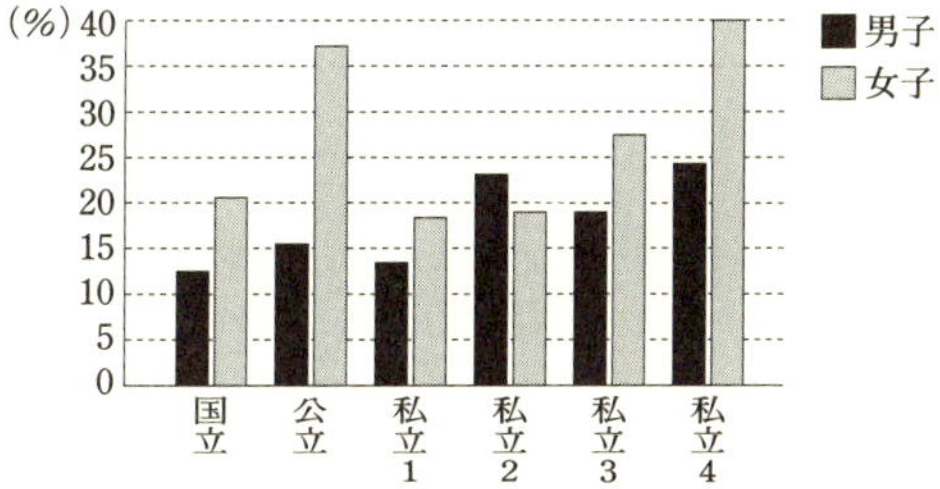

※入学難易度は91年度受験用『大学入学案内』(晶文社)の私大入試難易ランキング表から作成
資料出所：日本労働研究機構『日欧の大学と職業―高等教育と職業に対する12カ国比較調査結果』2001年
参考資料：小杉礼子『フリーターという生き方』(勁草書房)

図表4-15　フリーターに対するマイナスの評価

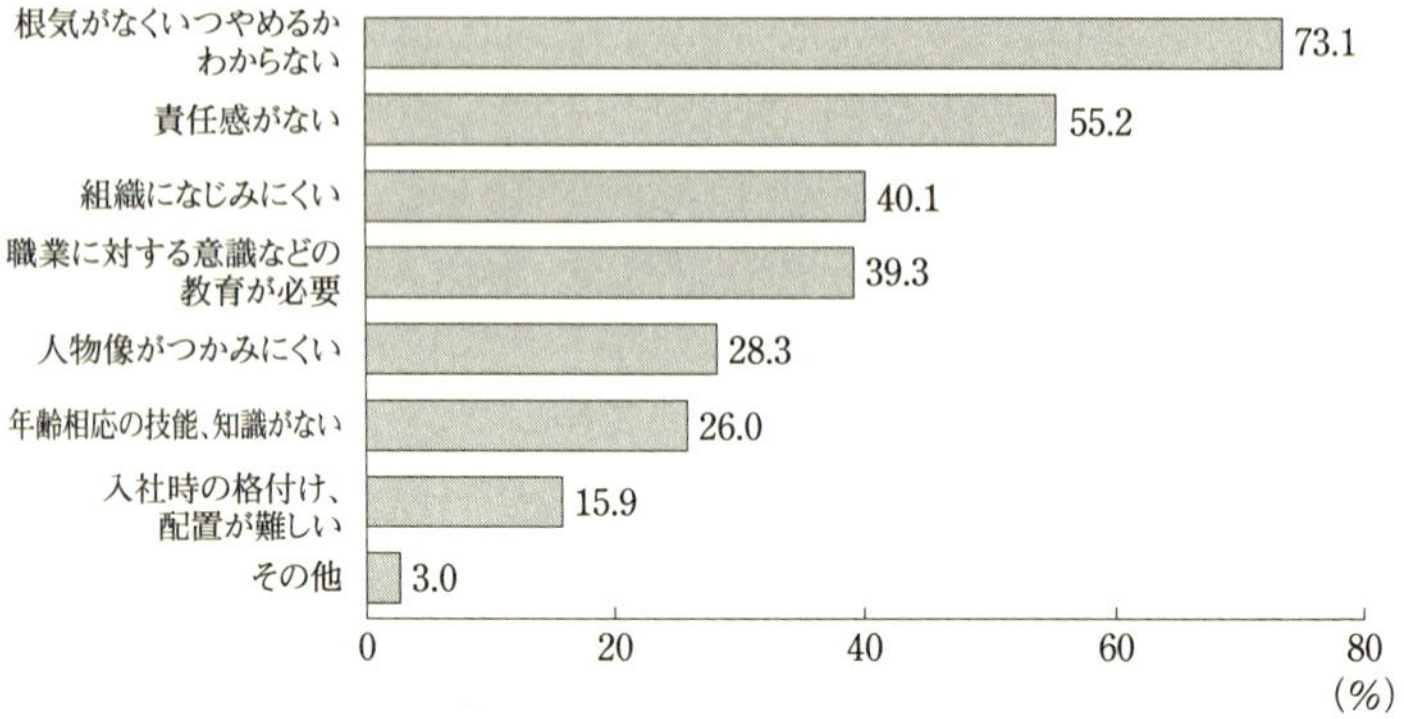

資料出所：内閣府編『平成15年版国民生活白書』83頁

意・意欲」で、「専門的知識・技能」もかなり重視されている。

それに対し、フリーターは「根気がない」、「責任感がない」、「組織になじみにくい」などのマイナス評価をされる傾向にあり、企業が中途採用の際に重視するものと大きくかけ離れている（図表4-15）。しかも、フリーターが働く企業はサービス業を中心とする従業員規模が小さい企業が多く、そこで習得するスキルは接客業務が中心である。その結果、正社員として必要なパソコンリテラシーや専門性が身につかず、中途採用や転職には不利になることが多い。フリーターに対する長期勤続に対する信頼性の低さやビジネス・スキルの低さが正社員への転換を困難にさせるとともに、結果としてフリーター歴を長くしているものと思われる。フリーター歴が長くなれば、若年層に対する需要が高いわが国の労働市場への参入をより一層困難にさせる。まさに、フリーターという働き方には光と影があると言わざるをえない。日本労働研究機構の小杉らは、フリーターからの離脱は早期離脱がポイントであり、フリーターを離脱して正社員になっている者の三割はフリーター歴が半年以内であり、一年以内の離脱者は半数強であることを報告している(6)。

注

(1) 玄田有史『仕事のなかの曖昧な不安』中央公論新社、二〇〇一年、五三頁。
(2) 小杉礼子編『フリーター自由の代償』日本労働研究機構、二〇〇二年、二六頁。
(3) 内閣府編『平成一五年版国民生活白書』ぎょうせい、二〇〇三年、七七頁。
(4) 小杉礼子「若者の価値観と雇用」財団法人雇用振興協会編『民間企業における高学歴者（大学卒・大学院修了）の採用・育成・活用』二〇〇四年、四九頁。
(5) 同上書、三八頁。
(6) 小杉（二〇〇二）、前掲書、七〇-七一頁。

第五章　大学就職部の役割とキャリア教育

1　就職部の組織的位置づけとその機能

大学にとって就職指導とは、単に学生個人の就職活動を支援するだけでなく、学生の就職率や就職内容（内定先の程度）が大学の評価にもつながるため、入試（入口）、教育内容や学生生活と同様に、大学にとってはきわめて重要な要素となっている。最近、多くの大学で入口（入試）から出口（就職）までを含めた三位一体の大学改革が模索されているのは、こうしたことが背景になっているものと思われる。

旧文部省も『平成七年度我が国の文教政策』（一九九五）において、教育機関では入学後の早い段階から進路指導等のガイダンス・システムの整備が重要であり、大学の教育内容を適切な職業選

図表5-1　就職部門組織の規模（国公立計）

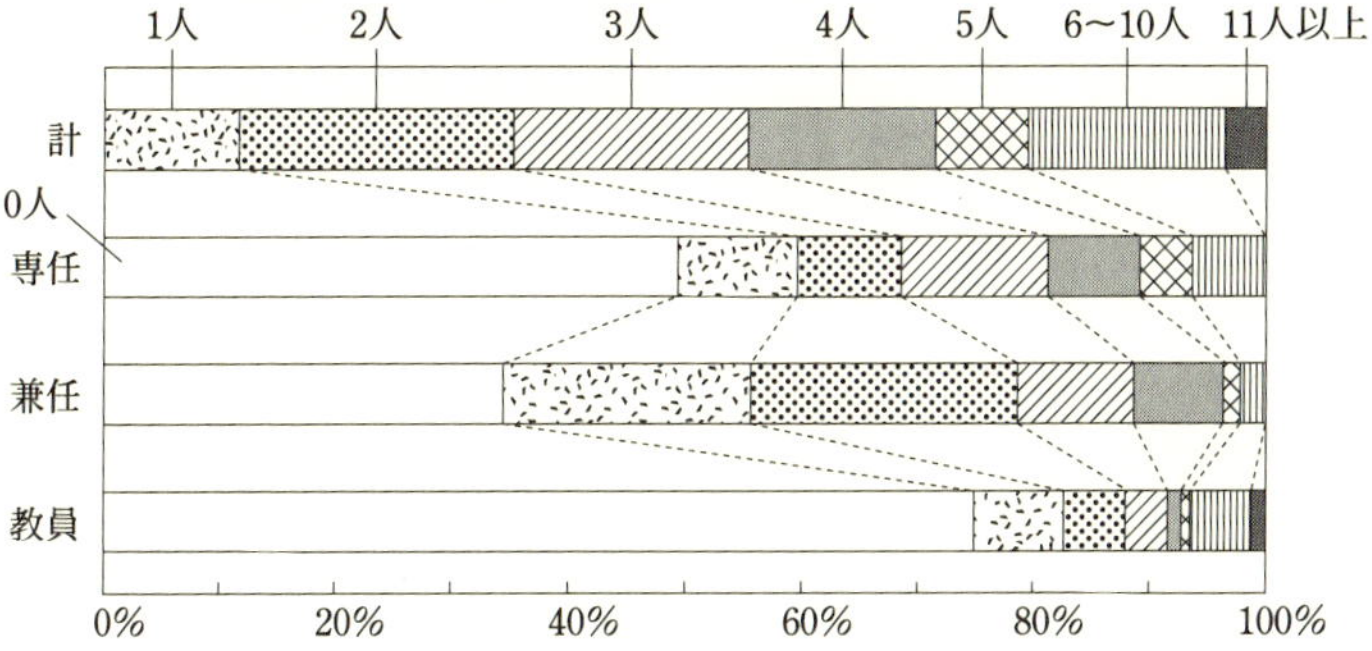

資料出所：日本労働研究機構『大学就職指導と大卒者の初期キャリア』1992年，40頁

択に結びつけるように取り組むことが重要であることを指摘している。

就職部門の組織の特徴

このように、大学にとって就職指導や職業教育は大学の生き残りを左右するきわめて重要な要素となりつつあるが、どういった組織と陣容で行なっているのであろうか。先行研究・調査からその実態にせまってみたい。

まず一つ目は日本労働研究機構に設置された「大卒就職研究会」が一九九一年より二ヵ年計画で行なった「大学の就職指導と活動の現状」に関する調査[1]である。この調査では、就職部門組織は設置者別に異なり、国立大学では学生部などの組織を中心に、全学の事務組織の占める位置は小さく、多くの就職指導を各学部の事務組織が分担している。それに対し、私立大学では全学の就職部などの専門部署があり、総合的な就職指導が行なわれている。

また、就職部門組織の規模は、図表5-1のように、多く

図表５－２　設置形態別にみた就職部門の位置づけ

（単位％）

	就職部門として独立して存在	他部門と担当者が就職部門を兼務	その他	無回答
国公立大学（n＝48）	45.8	31.3	20.8	2.1
私立大学（n＝196）	88.8	5.6	1.5	4.1
合　計（n＝244）	80.3	10.7	5.3	3.7

資料出所：永野仁編『大学生の就職と採用』中央経済社、2004年、148頁

の大学で五名以下の組織で就職指導が実施されている。しかも、約半数の学部で専任の職員はおらず、仮に配置されていても三人以内が圧倒的に多い。教員の就職指導への関与については、七〇％以上の大学で実施されていない。

しかし、このように就職指導への教員の直接関与はきわめて少ないものの、職員中心の事務組織と教員を中心とする委員会組織が連動して就職指導にあたるケースも見られる。同調査では、四〇％を超える学部においてこうした委員会組織があることが報告されており、その比率は私立大学の方が多い。

もう一つの調査は永野らの「大学就職部調査[2]」である。同調査では、調査対象の約八〇％の大学で就職部門として独立した組織が存在している（図表５－２）。設置者別で大きな違いが見られ、私立大学の方が就職部門として独立しているケースが多い。

また、就職部門の規模に関しては、専任職員を置いている場合、その数は平均で四・八人で、設置形態別では私立大学が五・四人で国公立大学の倍以上である。一五年前に実施された日本労働研究機構の調査よりは就職部門の規模は若干拡大している。

就職部門の役割・機能

就職部門の役割・機能と実際の就職指導の内容についてみていきたい。一般に、大学の就職部門は大きく二つの役割・機能を有している。一つは「職業紹介業務」で、いわばハローワークの大学版である。もう一つは「職業指導業務」である。まず職業紹介業務からみていく。大学が行なう職業紹介業務は、職業安定法第三十三条の二に基づき、学校の長が労働大臣に届け出ることによって可能となる。各大学で企業からの求人票が掲示され、就職部門の担当者がその斡旋を行なうことによって実行される。前述したように、最近ではインターネットを使ったe-リクルーティングが進展しており、大学が果たす無料の職業紹介業務は以前ほど重要でなくなりつつある。しかし、その一方で学内における個別企業の就職説明会の企画や学内でのジョブ・フェアー（合同就職説明会）の企画など、形をかえた職業紹介業務が徐々に増加している。

実際の就職指導の内容

就職部門のもう一つの役割・機能は職業指導業務である。実際にどういう職業指導が実施されているのかを前述の二つの調査からみてみたい。まず日本労働研究機構の調査であるが、指導内容としては「学内推薦による応募」「進路希望調査」「就職ガイダンス」がほとんどの大学で実施されている（図表5-3）。それに対し、「業界・企業研究会」や「企業実習（インターンシップ）」などはいまだその実施率が低い。これは調査が実施されたのが一五年前であることが大きく影響しているも

図表5-3　就職指導の実施内容（設置者計）

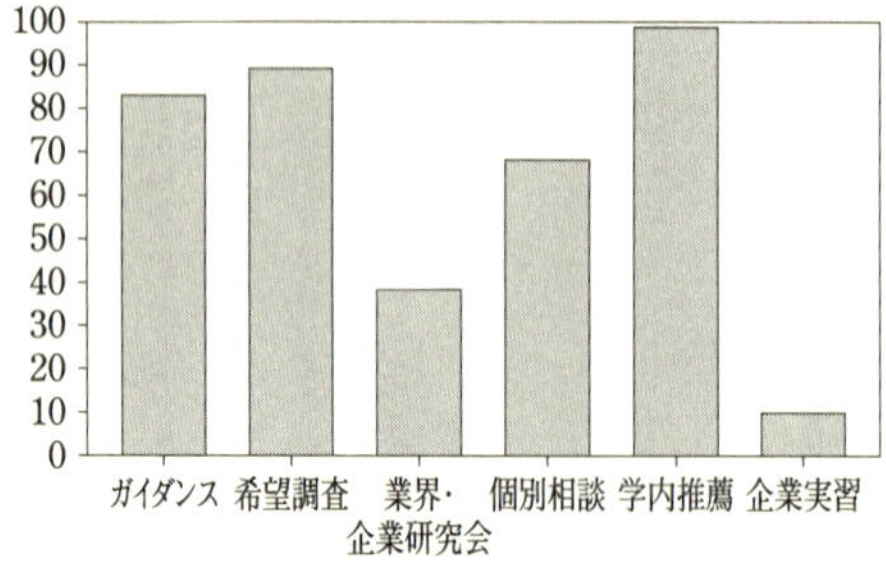

資料出所：日本労働研究機構『大学就職指導と大卒者の初期キャリア』1992年，49頁

図表5-4　設置形態別就職指導内容の実施状況

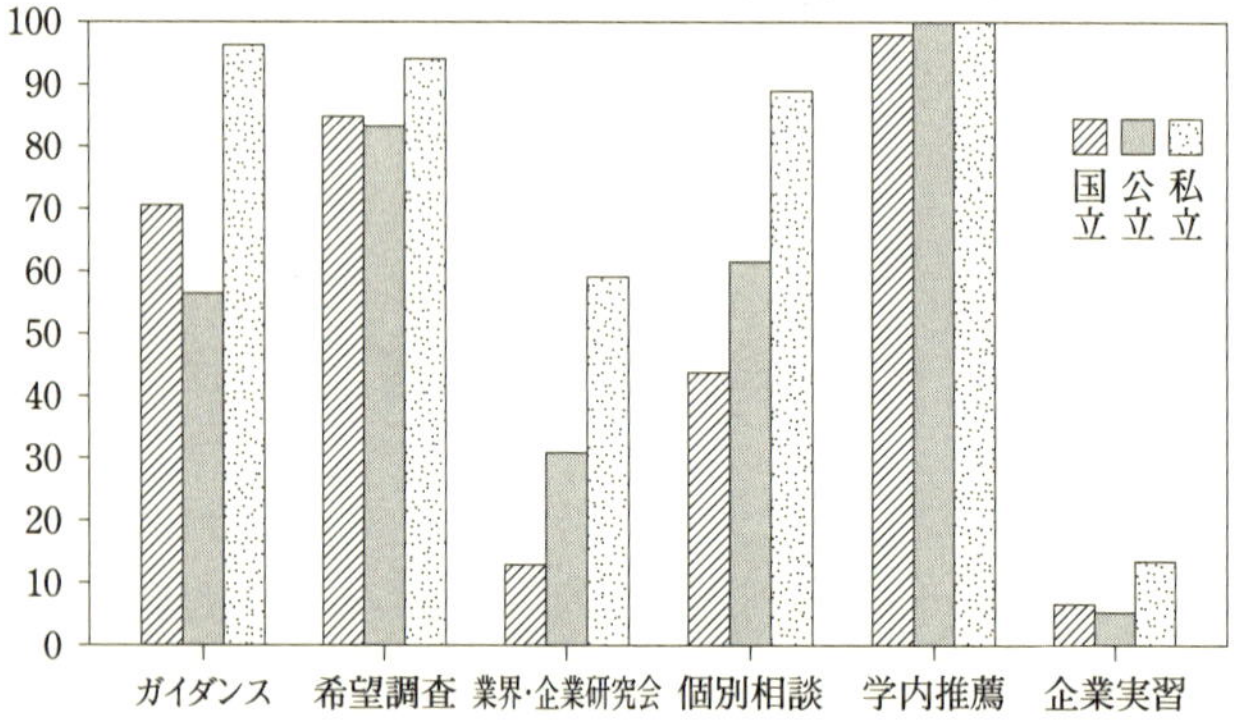

資料出所：日本労働研究機構『大学就職指導と大卒者の初期キャリア』1992年，49頁

のと思われる。

興味深いのはこれらの就職指導内容には設置者別に大きな違いがあるということである（図表5－4）。私立大学では企業実習を除くどの内容も実施している割合がかなり高いのに対し、国公立大学では業界・企業研究会、個別相談などが私立大学に比べ実施率が低い。つまり、国公立大学では総合的なガイダンスは実施されているものの、個別の企業説明会や進路相談などはほとんど実施され

図表5-5　就職指導内容の実施状況（設置計、設置形態別）

（単位%）

	実施の有無				設置形態別実施状況		
	実施	実施を計画	実施の計画無	無回答	全体 n＝244	国公立 n＝48	私立 n＝196
就職ガイダンス	97.5	－	2.5	－	97.5	100.0	96.9
就職部門への学生の登録	88.1	6.6	4.5	0.8	88.1	64.6	93.9
適性・性格テストの実施	84.0	8.6	7.0	0.4	84.0	66.7	88.8
個別の進路相談	80.7	9.4	8.2	1.6	80.7	50.0	88.3
履歴書作成の指導	74.2	11.9	11.1	2.9	74.2	41.7	82.1
エントリーシート作成の指導	81.6	10.2	7.0	1.2	81.6	68.8	84.7
筆記試験の指導	62.3	13.5	20.5	3.7	62.3	25.0	71.4
面接の指導	83.2	9.0	6.1	1.6	83.2	79.2	84.2
求人資料公開・掲示	95.5	4.1	99.6	0.4	95.5	100.0	94.4
学内での個別企業説明会	65.6	17.2	13.9	3.3	65.6	75.0	63.3
学内就職フェアー	45.1	22.1	29.5	3.3	45.1	29.2	49.0

資料出所：永野仁編『大学生の就職と採用』中央経済社、2004年、150～151頁より作成

ていないのが現状である。

一方、永野らの調査では日本労働研究機構の調査より、就職指導の内容が細かくなっているが、実施率の高いものとして「就職ガイダンス」「就職部門への学生の登録」「適性・性格テストの実施」「面接の指導」「求人資料公開・掲示」などがある（図表5-5）。また、今後実施していきたい指導内容としては、学内就職フェアーや個別企業説明会などがあげられている。

設置形態別にみると、就職指導内容に違いがみられる。全般的にみて私立大学の方での実施率が高いが、なかでも「就職部門への学生の登録」「適性・性格テストの実施」「個別の進路相談」「履歴書作成の指導」「筆記試験の指導」などにおいて私立大学と国公立大学との間に大きな差がみられる(3)。

二つの調査に共通しているのは、国公立大学よ

図表５－６　偏差値別にみた就職指導内容の実施状況

	Aランク n＝25	Bランク n＝86	Cランク n＝85
就職ガイダンス	100.0	94.2	98.8
就職部門への学生の登録	100.0	93.0	92.9
適性・性格テストの実施	80.0	88.4	90.6
個別の進路相談	84.0	84.9	92.9
履歴書作成の指導	60.0	88.4	82.4
エントリーシート作成の指導	72.0	88.4	84.7
筆記試験の指導	44.0	76.7	74.1
面接の指導	64.0	86.0	88.2
求人資料公開・掲示	100.0	91.9	95.3
学内での個別企業説明会	80.0	65.1	56.5
学内就職フェアー	44.0	46.5	52.9

＊　Aランク：偏差値55以上の大学
　　Bランク：偏差値45～54の大学
　　Cランク：偏差値44以下の大学
資料出所：永野仁編『大学生の就職と採用』中央経済社、2004年、151頁より作成

りも私立大学において適性・性格テストの実施、個別の進路相談、履歴書作成や筆記試験に対する指導など、きめ細やかな就職指導が実施されているという点である。こうした両者の差は就職指導に関する専門部署の有無や専任職員の数などがその主な要因と考えられるが、それ以外にも学生の質などにも影響されると考えられる。

偏差値別にみた就職指導内容の実施状況

そこで、学生の質を表す一つの指標としての偏差値の違いが就職指導内容の実施にどのような影響があるのかをみたい。すでに第四章で大卒フリーターの発生と大学の偏差値が関連あることは述べた。

永野らの調査によれば、私立大学では偏差値のランクが上がるにつれ、就職指導の実施率が低下する傾向にある（図表５-６）。特に「履歴書作成

の指導」「筆記試験の指導」「面接の指導」などにおいては偏差値による差が大きい。なかでも「筆記試験の指導」における差が最も大きく、偏差値がB、Cランクの大学ではその実施率が七五％前後なのに対し、偏差値が高いAランクの大学ではわずか四四％である。こうした就職指導内容の偏差値による実施率の違いは、学生の基礎学力や職業意識などが影響しており、偏差値が高い大学の学生はこうした就職指導の必要性をあまり感じていないようである。実際、永野らの調査においても偏差値が高い大学ほど、就職指導への参加率が低くなることが報告されている。[4]このようにみてくると、上記で述べた私立大学と国公立大学とで個別の就職指導において差があるのもうなずける。

このように、大学の就職部門は「職業紹介業務」と「職業指導業務」といった二つの役割・機能を担っている。インターネットを活用したe-リクルーティングの進展により、職業紹介業務のウエイトは従来よりも低下しつつあるが、反面、学内での個別企業の説明会の開催やジョブ・フェアー（合同就職説明会）の開催など新たな職業紹介の方法やその協力企業の開拓が就職部門の役割・機能として重要性を増しつつある。一方、職業指導業務はその実施率において大学の偏差値による違いがあり、偏差値が低い大学ほどきめ細やかな就職指導が実施されている。大卒フリーターの発生と大学の偏差値には相関があり、大卒フリーターの発生予防の観点からきめ細やかな就職指導が実施されているのは至極当然のことと言えよう。

2　就職部からキャリアセンターへ

求められるキャリア支援機能

第二章で述べたように、大学生を含めた若年層の職業観や職業意識が変化しており、仕事志向やキャリア志向が高まりつつある。企業における職種別採用の導入や大学におけるインターンシップの導入などはこのような大学生の仕事志向やキャリア志向に応えるためのものである。

大学生の仕事志向やキャリア志向に応えていくためには、大学の就職部門も変化していかざるを得ない。従来の就職部門の役割・機能は職業紹介業務と就職支援業務が中心で、真の職業指導業務はほとんど実施されていないのが現状である。学生の資格取得や将来に向けてのキャリア・デザインをサポートするキャリア支援機能がまさに今、就職部門に必要となっている。キャリア支援機能を含めたあらたな就職部門の役割・機能の全体像を示すと次のようになる。

大学の就職部門の役割・機能
- 職業紹介業務（プレイスメントサービス）
- 職業指導業務（キャリアガイダンス）
- キャリア支援業務（キャリアデザインサポート）

キャリアセンターの設置

大学の就職部門が従来の二つの役割・機能に加え、キャリア支援業務を遂行していくためには、クリアしなければならない課題がいくつかある。まず一つ目の課題は全学横断的なキャリア支援部門、つまり「キャリアセンター」の設置である。公務員受験、公認会計士や司法試験の受験などに備えて専門学校に通う大学生が増加し、「ダブルスクール」が常態化している。また、大学院への進学者も増加しており、従来の学部単位の就職部門や就職支援業務を中心とするこれまでのような就職部門ではこうした学生の多様化するキャリアニーズに的確に応えていくことはできない。いくつかの先進的な大学に見られるように、就職支援を中心とする就職部から、就職を含めて学生の将来のキャリア形成を支援する「キャリアセンター」へと脱皮をはかっていかなければならない。以下ではこうしたキャリアセンターを設置した大学の事例をみていく。

立命館大学の事例(5)

立命館大学は、一九九九年一一月に就職部から「キャリアセンター」と組織名を変更した。そのねらいは、就職部という名称では一、二回生はまだ先のことと考え、就職部に近寄ってこないことを避ける点にある。立命館大学では、キャリアセンターに名称変更後、新入生の段階からキャリアガイダンスを実施し、将来に向けたキャリア形成の意識づけを行なっている。また、二〇〇一年度よりは新入生全員に「キャリアチャート」と呼ばれる自己開発ノートを配布し、将来の進路を意識した学生生活を具体的に描くツールとして活用させている。キャリアチャートの運用・管理は各学部に任せているが、国際関係学部では四月の新入生キャンプで十分な説明をし、その後、前・後期の年二回学生にきちんと記入させるなどきめ細やかなフォローがなされている。

さらに、同大学のキャリアセンターではインターンシップでの就業体験をキャリア形成プログラムのなかで特に力を入れている。一九九九年にはキャリアセンター内に、専任スタッフが常駐するインターンシップ・オフィスを開設するとともに、学部横断的な「全学インターンシップ教育推進委員会」を設置し、教員と職員が一体化した体制を作り上げた。キャリアセンターでは、学年の一割程度、つまり六〇〇人がインターンシップに参加できるような体制をつくることが目標とされている。

立教大学の事例(6)

立教大学は二〇〇二年四月に、「一人ひとりの学生がその人らしい人生を送るためのキャリアデザインを学生のうちから考えること」を支援する目的から、就職部の名称を「キャリアセンター」に変更した。就職部からキャリアセンターへの名称変更の理由に関して、同大学のキャリアセンター副部長の加藤敏子氏は、「企業の求める人材の高度化（自立型人間）と学生の未成熟化（自己確立の高年齢化）の乖離を何とか埋めるべく、入学から就職時までを進路支援として位置づけ、自立を促進するプログラムが必要となった」と述べている。

キャリアセンターが行なうキャリア支援は大きく二つの柱から成り立っている。一つはキャリア科目「仕事と人生」を通しての早期のキャリア教育である。同大学では、教員とキャリアセンターのコラボレーションで二〇〇〇年度から、一年より受講可能な「全学共通のカリキュラム」として「仕事と人生」というキャリア科目が運営・展開されている。キャリア科目「仕事と人生」の受講者は毎年五〇〇人前後あり、二〇〇三年度では池袋キャンパスで六二九人、武蔵野新座キャンパスで五九〇人もの学生が受講している。「仕事と人生」という科目は、就職活動を成功裏にみちびくノウハウを教えるものではなく、現在の就職環境をとりまく環境変化に関して内・外の講師を招聘し、オムニバス形式で実施されている。科目のねらいは、学生に早い時期に仕事と人生の結びつきを考えさせ、主体的に行動し充実した大学生活を送ってもらうことにある。こうした点から、受講者の約七割が一、二年生で占められている。参考までに「仕事と人生」の講義の概要を以下に示しておく。

第1回　働くということ
第2回　就職の実態
第3回　雇用市場の動向
第4回　キャリア形成
第5回　男女雇用機会均等法の実態
第6回　女性とキャリア

第7回　雇用と社会保障
第8回　組織と仕事
第9回　仕事と家庭
第10回　仕事と余暇
第11回　仕事と自己実現
第12回　総括および学生討論

全学共通の「仕事と人生」といった科目を設置し、運営・展開できるのも就職部門と教学部門つまり教員とのコラボレーションがあったからである。多くの大学では就職部門と教学部門では組織の壁があり、なかなかコラボレーションが難しいのが現状である。立教大学の事例は多くの大学にとって良き見本となるものと思われる。

同大学のキャリアセンターのもう一つの柱は、インターンシップである。キャリアセンターが行なうインターンシップは、非単位認定型の就業体験で、主に夏期休暇中の二週間に実施される。ただし、非単位といっても、ガイダンスに参加し、書類・面接での選考に合格するとともに、ビジネスマナー、動機づけのグループワークなどから構成される事前教育を受けることが義務づけられている。さらに、実習終了後は報告会を経て報告書を提出しなければならない。二〇〇三年度は四四社・四団体・七自治体に合計一四四名（海外五名を含む）の学生がインターンシップに参加した。

就職部門と教学部門の連動

大学の就職部門がキャリア支援機能を果たしていくための二つ目の課題は「就職部門と教学部門の連動」である。従来、就職部門における就職支援活動はわずかな専任職員を中心に実施されてきた。しかも、その就職支援の内容は就職ガイダンスの実施、履歴書作成や筆記試験、面接等の指導が中心であり、まさに就職戦線を勝ち抜くためのノウハウの伝授に重きがおかれていた。就職部門のメインタスクがこうした学生の就職活動を支援する内容が中心であるならば、就職部門の専任職員のみの対応で十分である。

しかし、変化しつつある学生のキャリアニーズや資格取得志向、さらには仕事志向に的確に応えていくためには、キャリア教育、職業教育などに代表されるように、教学のウェイトや要素がかなり必要となってくる。また、単位認定型のインターンシップなどを展開していく場合も、単位認定の仕方や実習内容の是非、さらには実習先の選定など教員の協力や参画が必要不可欠である。

このように、就職部門と教学部門、つまり教員との連動の必要性は高まっている。立教大学や立命館大学の事例でみてきたように、両者のコラボレーションが就職部門に新たに課せられたキャリア支援機能を果たしていくための「鍵」といってもけっして過言ではない。立教大学の全学共通科目としての「仕事と人生」の誕生は両者の英知の結晶とも言えるものである。しかし、多くの大学では就職部門と教学部門との間に、就職指導に関して認識のズレがあるのも事実である。つまり、教員は教学のみを担当し、就職部門は就職活動を支援するといった役割分担意識が根強く存在している。また、総合大学などでは学部間で、特に理系と文系での就職支援のあり方が異なっており、全学レベルでの意思統一や活動を同じくするにはやや時間を要する。本章の冒頭で述べたように、学生の就職率とその内容が大学評価につながり、ひいては入口（入試）、つまり受験生の増減につながるため、学部間の利害を越えて、全学レベルでの就職部門と教学部門（教員組織）との効果的連動をはかっていくことが大学の生き残りが問われる現代において強く求められている。

専任職員のプロフェッショナル化

大学の就職部門がキャリア支援機能を果たしていくための三つ目の課題は就職部門の「専任職員のプロフェッショナル化」である。高まる仕事志向や資格志向、さらには留学や大学院への進学など、学生一人ひとりのさまざまなキャリアニーズに応えていくためには、教員との連動のみならず、就職部門の専任職員にカウンセリングスキルや高度な専門性が必要となる。したがって自ずと、キャリアセンターのスタッフも従来のような就職部門の人材だけでは不十分となり、教務部門や学生生活部門、さらには国際交流部門などの職種経験のある人材がキャリアセンター設置とともに配属されなければならない。

と同時に、キャリアセンターのスタッフには、多様な学生のキャリアニーズに応えるべく、キャリアカウンセリングのマインドとスキルを取得させる必要がある。つまり、キャリアカウンセラーとして育成する必要がある。私の勤務する大学でもキャリアセンター（二〇〇四年度よりキャリアセンター（に名称変更）のスタッフには大学の費用負担でキャリアカウンセラーの資格取得を積極的に奨励している。

さらに、キャリアセンターのスタッフの職種経験の積み方にも配慮する必要がある。前述の日本労働研究機構の「大卒就職研究会」の調査でも、就職部門のスタッフが三〜五年で異動するケースが最も多く、特に国立大学で異動期間が短いことが報告されている(7)。専門的な就職指導やキャリア支援のノウハウを身につけるとともに、さまざまな企業とのリレーション形成や就職・キャリアに関する情報収集を行なっていくためには、少なくともこれまで以上の長い期間にわたりキャリアセンターの業務に従事させることが必要であると思われる。

キャリア支援講座の開設

大学の就職部門がキャリア支援機能を果たしていくための最後の課題は「キャリア支援講座の開設」である。キャリア支援講座としては、立教大学の「仕事と人生」に見られるような、いわゆるキャリアデザインに関する講座と、ダブルスクールに代表されるような資格取得を支援する講座の二種類がある。キャリアデザインに関する講座は次節で具体的事例を踏まえて解説をするので、ここでは資格取得を支援する講座を中心に述べていく。資格取得を支援する講座の開設・運用の方式としては、キャリアセンターが主催するケースとエクステンションセンターを設置して展開するケース、さらには両者の中間型がある。ここでは全学的な見地からエクステンションセンターを設置した立命館大学と大学本部の事業部として運営している立教大学の事例をみていく。

立命館大学のエクステンションセンター(8)

立命館大学は、二一世紀を担うリーダーを育てることは大学の重要なキャリアサポートであると同時に、総合大学の社会的責務であるとの崇高な理念のもと、一九九二年に「エクステンションセンター」を開設した。エクステンションセンターの開設講座は、ファイナンシャルプランナー、弁理士などの資格講座から、TOEIC、TOEFLなどの語学講座、シスアドなどの情報処理関連の講座など多岐におよんでいる。なかでも司法試験講座、公認会計士講座、公務員講座の三つは特に力が入れられており、キャリアセンターが仲介する形でOB・OG組織との連携がはかられている。つまり、これらの三つの職種に就職したOB・OGが組織化され、キャリアアドバイザー役を担っている。年々、講座数や受講生も増加しており、二〇〇〇年度は二二講座で、約一万三千人と、エクステンションセンター開設時と比較して、講座数で二倍、受講生数で約三倍にもおよぶ。立命館大学では、ダブルスクールによる学生の時間的、経済的負担を考えると、エクステンションセンターの開設講座は学びを多様化し、正課も含めた学びを活性化させ、教育的効果が高いと評価している。

立教大学のＲＣＳ(9)（Rikkyo Career-up Seminar）

立教大学は学院本部の事業部が「立教キャリアアップセミナー（略称ＲＣＳ）」を開講している。二〇〇三年度の講座実施数は一三講座で前年より五講座増えている。開講している講座の内容は、ＴＯＥＩＣ、中級・上級英語などの語学講座、社会保険労務士、公認会計士、税理士、ファイナンシャルプランナーなどの資格講座、公務員講座などである。なかでもユニークなのは「立教マスコミ塾」なる講座が開講されており、立教らしさを醸し出している。延べの受講者数は八四六名で前年の七五九名よりも一〇〇名近く増加している。立教大学では、講座は大学の教室を使用するため移動時間のロスがない点、大学各部署の協力により運営面のコストを最小限に抑えることで安価な受講料が設定できる点、さらには大学に合わせた講義内容を実施することでより大きな成果が上がるように留意されている点、などから学生のメリットが大きいと評価している。

3　求められるキャリア教育

就職部門があらたな役割としてのキャリア支援機能を果たしていくためには、前節でも述べたように、学生のキャリア形成をサポートするキャリア教育が必要となってくる。キャリア教育の代表的なものとしては、立教大学の「仕事と人生」のような講座の開設があげられるが、立教大学以外にもつぎのような大学で同様の講座が開設されている（図表5-7）。

図表5-7　大学で展開されるキャリア教育の事例

大学	講座名	内容・単位	主催組織等
法政大学	「大学生のためのキャリアマネジメント」講座	7回(参加料9000円)	生涯学習センター主催
英知大学	「職業学概論」	2回生対象 通年4単位	
日本女子大学	「女性の生き方と仕事」 2001年9月〜	7回プログラム	生涯学習センター主催
フェリス女学院大学	「職業紹介講座」 「就職支援準備講座」 「社会研修：社会・職業・私」	1年次から学年に関係なく参加可 2年次基礎教養科目2単位	就職課主催

資料出所：根本孝『就職力』ビジネス社、2003年、203頁

本節ではキャリア教育に積極的に取り組んでいる二つの大学の事例を取り上げ、その運用の実態に迫ってみたい。

立命館大学のキャリア教育(10)

立命館大学では、学生のキャリア形成のステージを一・二回生対象と三・四回生対象の二段階に大きく分け、それぞれに応じたキャリア教育を実施している。一・二回生は「自己発見」と「可能性の探求」に重点が置かれ、図表5-8のようなステップからなるキャリア形成プログラムが展開される。

一方、三・四回生には「ベーシック就職支援プログラム」「女子学生支援プログラム」「業界別就職支援プログラム」などのより実践的な就職支援プログラムが実施される。

立命館大学のキャリア教育のプログラムは、単に就職相談や就職戦線を勝ち抜くためのノウハウの伝授に終始

図表5－8　1・2回生対象のキャリア形成プログラム

●ステップ1：「4年間をどう過ごすか」
→各界の著名人を招いた講演会を開催し、学生時代に何を学び、何に打ち込むのかについて考える機会を提供する
●ステップ2：「大学で何を学ぶのか」
→卒業生、実務家を招いた講演会やパネルディスカッションを通して、大学で学んだことを社会でどう活用できるのかを学ぶ
●ステップ3：「将来像のモデル提示」
→将来のビジョン策定に向け、社会人5年以内のOB・OGに実際の仕事の話をしてもらう。また、キャリア・アドバイザー（CA）との懇談会を実施
●ステップ4：「ブラッシュアップのためのプログラム紹介」
→留学、国家公務員Ⅰ種、公認会計士、司法試験などの難関試験を目指す学生に、エクステンション講座、インターンシップなどのブラッシュアップのための教育プログラムを紹介する
●ステップ5：「インターンシップガイダンスとキャリアカウンセリングの実施」
→インターンシップガイダンスを通して企業や自治体など社会の現場で学ぶインターンシップのメリットを紹介。また、必要に応じてキャリアカウンセリングを実施

資料出所：中村清『大学変革哲学と実践』日経事業出版、2001年、269頁を参考に作成

することなく、学生の描くキャリアビジョン達成に向け、大学四年間の学習目標の策定とキャリア形成のあり方に焦点をあてており、先進的なキャリア教育の事例と言えよう。

文京学院大学のキャリア教育

もう一つは私が勤務する文京学院大学の事例である。ここで取り上げるのは、経営学部における「キャリア教育」と人間学部の共生社会学科における「職業教育とインターンシップ」である。まず経営学部のキャリア教育からみていきたい。従来、経営学部では就職課が中心となり、就職ガイダンスが展開されてきた。就職ガイダンスの内容としては、エントリーシートの書き方、SPI対策、業界研究、面接の指導、適性検査（R-CAP）の実施、就職体験談報告などが中心であった。

就職ガイダンスの内容からもわかるように、ガイダンスは学生の就職活動そのものを支援することに重点が置かれていた。その主な理由は、就職指導やガイダンスが教学部門の教員とのコラボレーションで実施されていない点にある。経営学部では、学部設置当初は就職部門の事務スタッフと教学部門の教員による就職委員会が設置されていたが、高い就職率の維持と教員の委員会活動の負担軽減から、就職指導は就職課の事務スタッフのみで実施されることとなった。

しかし、経営学部のこうした動きとは裏腹に、就職率の低下現象が起きはじめるとともに、学生に対する職業教育やキャリア教育の必要性を指摘する声が教員の中から出はじめ、これまでの就職指導体制そのものの見直しが必要となってきた。そこで、二〇〇二年度に再度、就職部門の事務スタッフと教員が連動した「キャリア委員会」を設置するとともに、学生に対する職業教育のあり方を根本から見直すこととなった。まずキャリア委員会がめざしたのは、学生に対する早期のキャリア教育と四年間にわたる一貫したキャリア形成プログラムの構築である。その具体的プランとして打ち出されたのが、一年次の後期における必修科目としての「職業とキャリア」の設置・運営と学生のキャリアデザインをサポートする「Bunkyo-Career Design Program（略記・B-CDP）」の構築である。

「職業とキャリア」は、一年次より学生の職業意識を自覚させるとともに、自己分析を通してセルフ・アイデンティティを確立し、それをベースに自らの職業観を築くことを目的としており、毎回講師が変わるオムニバス方式で実施される。講師は教員とOGが中心になり、必要に応じて外部講師が加わる。職業とキャリアの二〇〇四年度の講義内容を示すと次のようになる。
第1回　自立共生を目指して（学長）
第2回　働くということ、働く目的（専任教員）
第3回　職業の意義とその要素（専任教員）
第4回　フリーターという働き方の光と影（専任教員）
第5回　女性とキャリア（経営学部OG＝一部上場企業管理職）
第6回　女性と資格（経営学部OG＝税理士）
第7回　女性と起業（経営学部OG＝ベンチャー企業の経営者）
第8回　企業に求められる人材（外部講師＝企業の採用担当者）
第9回　男女共同参画社会の実現に向けて（専任教員）
第10回　自分の職業適性（自己診断を含む）（外部講師）
第11回　心理テストを使った自己分析（専任教員）
第12回　自己分析をベースにした自己変革（外部講師）
第13回　キャリア発達とキャリアアンカー（専任教員）
「職業とキャリア」は、心理テストを使った自己分析や職業適性診断をともなっている点、さらには等身大の自分たちの先輩が講師となり四年間の大学生活の過ごし方を教授してくれる点、などから学生の評判（評価）はいいようである。

Bunkyo-Career Design Program

四年間のキャリア形成プログラムとしての「Bunkyo-Career Design Program（以下ではB-CDPと表記）」であるが、その全体像を示すと図表5-9のようになる。B-CDPは学生のキャリアステージを大きく四つの段階に分け、一年次は「自己探索期」と位置づけ、上記で述べた「職業とキャリア」をベースに大まかに将来のキャリアをデザインし、二年次以降のゼミの選択や目指すべき資格取得の参考とする。二年次は「就職準備期」と位置づけ、新聞や経済記事の読み方、さらには一般常識の習得など、就職活動における筆記試験の合格対策が授けられる。これらはこれまでは就職部門のスタッフが行なってきたが、B-CDPでは専任の教員が講義を担当し、その指導にあたる。三年次は「適性発見期」と位置づけられ、リクルートのR-CAPを活用した職業適性判定、夏季休暇中のインターンシップへの参加などを通して、自分の将来のキャリアビジョンの明確化をはかることに主眼が置かれる。経営学部におけるインターンシップの取り組みは早く、一九九八年度より実施し毎年八〇～九〇名の学生が参加している。このインターンシップは単位認定型で、夏期休暇中の二週間（実働一〇日間、六〇時間以上）の実習、実習レポートの作成、実習成果検討報告会などを通して、学生は二単位を取得することができる。四年次は「活動実践期」と位置づけられ、キャリアビジョンをベースに就職活動をまさに実践する段階である。

ところで、B-CDPのなかでユニークなのは学生のキャリア形成にアドバイザーとして就職活動を体験した四年生が参加している点である。経営学部では、二〇〇三年度より学生主体の就職支

図表5-9　Bunkyo-Career Design Programの概要

キャリア形成のステップ

4年次
活動実践期
・自己の職業適性、将来のキャリアビジョンを参考に就職活動を展開
・個別キャリアカウンセリングを実施

3年次
適性発見期
・職業適性の診断（R-CAPの活用）
・インターンシップとの効果的連動
・面接トレーニング
・キャリアアドバイザーによる進路相談
・将来のキャリアビジョンの策定

2年次
就職準備期
・新聞・経済記事の読み方
・一般常識テスト
・キャリアアドバイザーによるガイダンス

1年次
自己探索期
・「職業とキャリア」を通じて将来のキャリアイメージをラフデザインする

自己分析 ←→ 資格取得講座の開講（キャリアセンター、生涯学習センター）←→

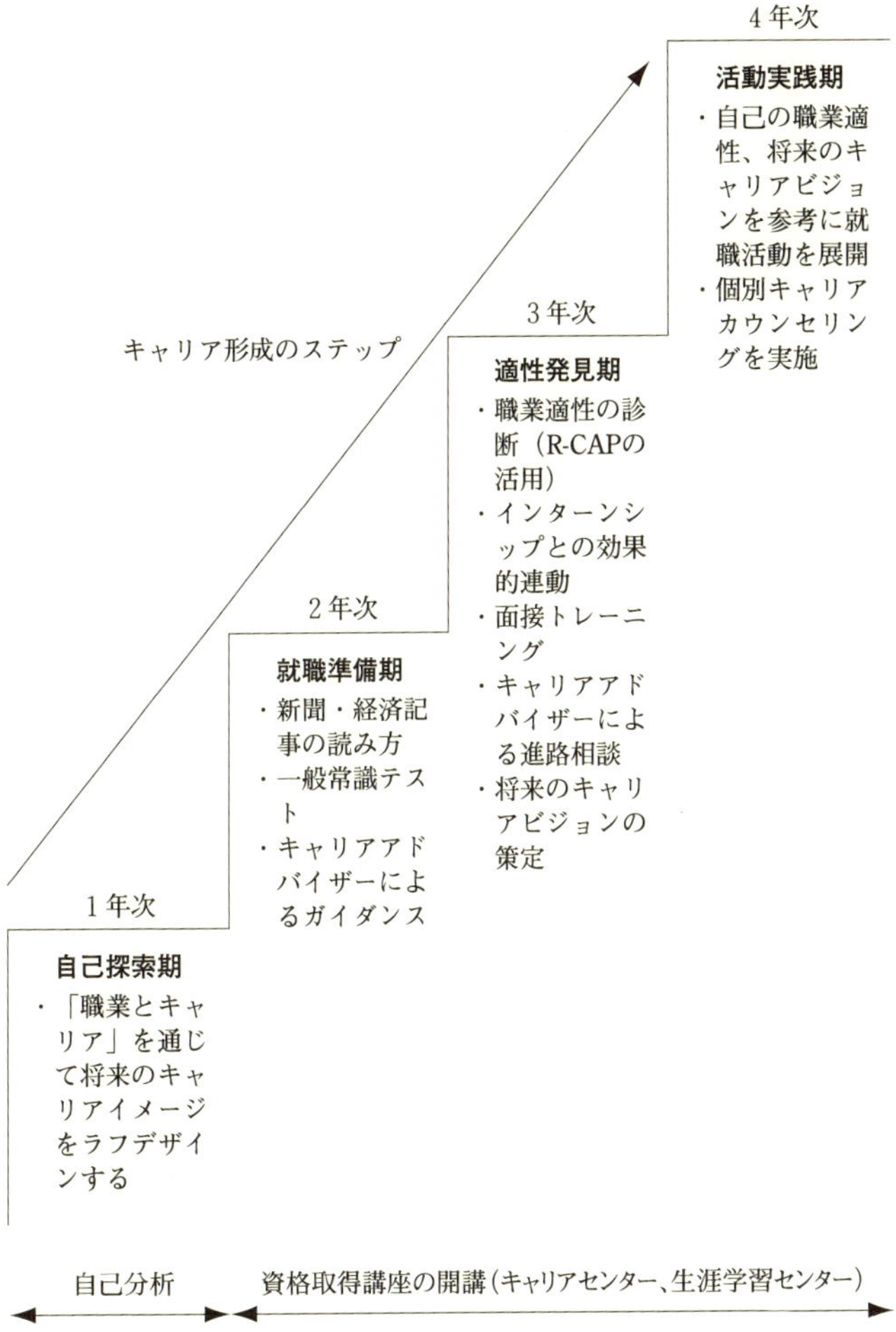

援活動を展開すべく、学生による「キャリアリーダー委員会」を組織化し、学生就職支援ネットワークづくりを展開している。キャリアリーダー委員会のメンバーは公募により選抜された学生とゼミ担当の教員の推薦により選抜された学生から構成されている。主な活動としては、学生主体の就職ガイダンスの企画・運営、就職体験談報告、就職に関するアンケート調査の企画・実施、下級生に対する就職アドバイスの実施、就職情報誌「キャリアナビ」の企画・発行などがあげられる。キャリアリーダー委員会のメンバーは、卒業後もOGアドバイザーとして業界研究会への参加、OG訪問等への協力、就職シンポジウムへの参加などを通じて後輩の就職活動やキャリア形成を支援していく。

学生主体の就職支援ネットワークや社会人のOB・OGを含めたネットワークは、単に就職支援のみならず、大学を核とした知の連鎖、さらにはそれらをベースにした新しい事業創出につながる可能性を秘めており、今後は多くの大学に広がっていくものと思われる。

文京学院大学の共生社会学科の新たな試み

文京学院大学のもう一つの試みは、人間学部共生社会学科における「職業教育とインターンシップ」である。共生社会学科は二〇〇三年度に設置された新しい学科で、「人間学」と「マネジメント」といった二つの専門分野を融合して学び、二一世紀の共生社会におけるさまざまな問題を理論と実践の両面から解決できる高度専門職業人を育成することを学科の基本理念としている。と同時に、入学する学生の「自分探し」を積極的に支援するとともに、将来に向けての進路決定やキャリアデザインをバックアップすることを学科の基本方針としている。そのために、学生の主体的なキャリアデザインが可能となるようなカリキュラム編成と一年次からの職業教育が展開されている。

職業教育としては、一年次の前期に「職業とキャリア」の講義が行なわれ、後期ではそれをベースにした「キャリアデザイン実習」が実施される。「職業とキャリア」は、職業の意義や働く目的、職業観の変化、仕事の条件、仕事と家事・ボランティアの違い、ワークキャリアとライフキャリアなどに関して講義を中心に展開される。それに対し、「キャリアデザイン実習」は心理テストを活用した自己分析（強みと弱みの発見）、キャリアアンカーの診断（職業適性の判定）、親へのキャリアアンカーのインタビュー、さらには「フリーターという働き方の評価」や「ニート発生の要因とその対策」に関するディスカッションなどを中心に展開される。最後には、学生一人ひとりが自らのキャリアビジョンを作成し、教員によるキャリアカウンセリングが実施される。このようなキャリアデザイン実習は参画型の授業であると同時に、自己分析や職業適性診断が可能となる点から受講生の評判はすこぶるいいようである。

さらに、共生社会学科では理論と実践の両面からグローバルな視点で、二一世紀の共生社会における諸問題を解決できる高度専門職業人を育成・輩出すべく、一セメスター（一五週間）の長期的体験学習の履修を義務づけている。長期的体験学習は三年次の前期に実施されるもので、海外の提携大学へ留学する「異文化理解フィールドスタディズ」と国内でのインターンシップを体験する

「企業・NPOフィールドスタディズ」の二種類が設定されており、学生はいずれかを選択しなければならない。

このように、共生社会学科では学生の自分探しやキャリアデザインをサポートすべく、一年次より徹底した「職業教育」を展開するとともに、三年次において一五週間にもおよぶ長期的体験学習としてのフィールドスタディズの履修を義務づけている。

注

(1) 同調査は、学部単位では一九九一年三月卒業者を輩出している全国四年制大学の全学部一二〇〇および大学単位では学部を複数もつ総合大学二二二を対象に実施された（詳細は日本労働研究機構『大学就職指導と大卒者の初期キャリア』一九九二年参照）。

(2) 同調査は二〇〇一年一二月に、文科系学部が設置されている四年制大学の就職指導組織に対する質問紙調査で実施され、有効回答は二四四件であった（詳しくは永野仁編『大学生の就職と採用』中央経済社、二〇〇四年参照）。

(3) 永野仁編『大学生の就職と採用』中央経済社、二〇〇四年、一五一頁。

(4) 同上書、一五三頁。

(5) 立命館大学の事例に関しては、同大学の変化を取材した中村清『大学変革哲学と実践』日経事業出版社、二〇〇一年、二六七-二七七頁を参考にしている。

(6) 立教大学の事例に関しては、雑誌『立教』一八七号（二〇〇三年）における特集「立教のキャリア教育」を参考にしている。

（7）日本労働研究機構『大学就職指導と大卒者の初期キャリア』一九九二年、四二-四三頁。
（8）詳しくは中村、前掲書、二七七-二八一頁を参照。
（9）詳しくは雑誌『立教』一八七号（二〇〇三年）を参照。
（10）詳しくは中村、前掲書、二六八-二七一頁を参照。

第六章　私のゼミの学生・ＯＧへの就職指導

本章では、私のゼミの卒業生（ＯＧ）六名と現役学生一名の計七名および非常勤講師を務めていた立教大学におけるゼミの卒業生（ＯＧ）二名に対する就職指導やキャリアカウンセリングの実際を、彼女らに対するヒアリングをベースに紹介したい。記述にあたっては、八名の卒業生と一名の現役学生を次のように大きく分類することにする。

・大学生から企業人へのソフトトランディンググループ（サクセスグループ）　四人
・転職グループ　三人
・フリーターグループ（予備軍）　二人

なお、八名の卒業生には少なくとも年に一回程度は私が主催する研究会やゼミのＯＧ会等を通して会い、必要なアドバイスやキャリア・カウンセリングが実施できる状況にある。

1　就職サクセスグループに対する就職指導

大学受験、就職もスポーツ系にこだわり、夢を実現したAさん

Aさんは私のゼミの一期生（一九九六年三月卒業）で、ゼミ活動のまさに中心的な存在であり、彼女の卒業論文がゼミの代表論文になるほどの優秀な学生であった。Aさんは小学校時代にテレビで見たロサンゼルスオリンピックを契機に、高校二年生の時から将来はスポーツと関連する仕事をしたいと思うようになり、大学受験もスポーツ系大学を中心に受験した。しかし、高校時代におけるスポーツでの輝かしい実績のないAさんにとってはスポーツ系大学への壁は高く、受験に失敗することとなった。本学経営学部への受験は二次募集に間に合ったことと、運営サイドに立ってスポーツを経営することに興味をもったことが大きな要因である。Aさんの実家が飲食業を自営しているることも経営学部受験の大きな要因となっている。私のゼミを志望したのは、どこの会社に行っても人事管理は必要と考え、その専門性を習得することが目標であり、ゼミ入室当初から将来は好きなスポーツ系の会社で人事業務を担当したいと考えていたようである。

したがって当然、就職活動はスポーツ系の会社を中心に展開し、スポーツ用品の販売会社と大手フィットネスクラブの会社の二社に内定をし、迷わずフィットネスクラブの会社を選択し現在に至っている。こうした本人の就職活動や職業選択の妥当性をキャリア・アンカー診断で見ていこう。

図表6-1　Aさんのキャリア・アンカーの診断結果

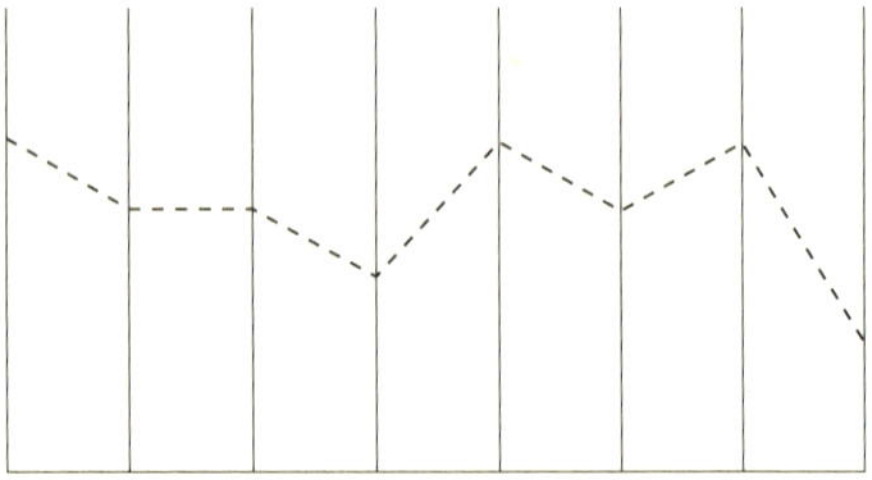

図表6-1からもわかるように、Aさんのキャリア・アンカーとしては専門性を重視するTFと新しい商品・サービス開発や事業化などを志向するEC、さらには困難な目標や問題解決に挑戦するCHの三つが高く、本人が入社する前後から業容を拡大しつつある同社の選択は本人のキャリア・アンカーとも符号しており、正しい会社選択と言えよう。Aさんの就職活動は、高校二年生からのスポーツ業界に対する強い憧れと本人の職業志向性とがマッチングしており、ほとんど就職指導の必要もなく、内定を獲得したというのが実状である。

Aさんは入社後は現場で二年間水泳指導のコーチを経験し、自己申告制度を活用して本社の人事部に異動することとなる。人事部への異動は本人のかねてからの希望でもあり、いよいよ大学のゼミで学んだ専門性を発揮できる環境が整った。人事部へ異動後は大学で学んだ専門性をいかんなく発揮するとともに、現場での経験を反映した人事諸制度や人事施策を打ちだしたことが高く評価され、勤続六年目でマネジャーに、勤続八年目で統括マネジャーに昇進している。Aさんの統括マネジャーへの昇進は最短ともいうべきもので、現在は制度企画・運用を中心とする業務に従事している。Aさんの今後のキャリアビジ

図表6-2　Aさんのキャリア・アンカーの拠り所

ョンの中心は人事のプロフェッショナルになることにおかれており、そのための専門性や知識を吸収すべく、私が主催する年二回の研究会に大学卒業後も休むことなく出席している。こうしたAさんのこれまでのキャリアを総括すると、図表6-2に見られるように、自分のやりたいこと(will, want)、自分の能力、専門性(can)、就職や仕事を選択する際に譲れない原則(must, should)の三つがいずれも明確になっているとともに、お互いの均衡が保たれている。つまり、人事部への異動を契機に、大学で学んだ専門性を発揮できる環境が整い、canがwill, mustとバランスが取れるようになった。Aさんが人事部でのキャリア形成をさらに深化させ、人事のプロフェッショナルになることを今後とも支援していきたい。

ダブル・マスターで税理士の資格を取得したBさん

Bさんは私のゼミの二期生(一九九七年三月卒業)で、大検で本学に入学した学生である。在学中にアメリカの提携大学に長期留学し、TOEICの点数が八〇〇点を超える優秀な学生であった。指導者である私からすれば、当然Bさんは語学力を生かし、商社か異文化の橋渡しをする旅行代理店に就職するものと思っていた。語学力のみならず、人事管理に関する専門知識も学部レベルではかなりの水準に達しており、内定獲得にはさほど時間を要しないものと思っていた。しかし、他のゼミ生が就職の内定を獲得していくなか、Bさんには一向に就職活動を展開する気配が感じられず、キャリア・カウンセリングを実施することとなった。

カウンセリングを実施するなかで、Bさんの職業観や資格取得への悩みが徐々に明らかになってきた。Bさんの家は父親、祖父とも税理士で、その規模もかなり大きく、そうした家庭環境がBさんの職業観に大きな影響を与えていた。すでに、一七、八歳の頃に将来の職業意識が醸成されており、「人の役に立つ職業に就きたい」と思うようになり、税理士に対する強い憧れを抱きはじめた。経営学部を選んだのもこうした職業観がその根底にあったものと思われる。私の人事管理のゼミに入室したのも、将来は税理士事務所を引き継ぎ、経営者になった場合に、人材マネジメントのノウハウは絶対に必要と考えたようである。また、両親は税理士になってほしいとはいっさい口にしないものの、親戚や周囲からの税理士事務所を継いでほしいというプレッシャーが、本人をより一層税理士の資格取得に駆り立てていった。

しかしその一方で、Bさんには税理士になりたいという強い願望はあるものの、自分が税理士という職業に本当に向いているのか、留学経験を生かした活躍の場がほかにあるのではないか、などの迷いが生じはじめていた。特に、留学経験は本人に多くのものをもたらしたようで、海外での生活や海外の大学・大学院への留学に対する憧憬は相当強かった。

そこで、Bさんに、経営学部に入学した目的、私のゼミに入室した理由、さらには「人の役に立つ職業に就きたい」という本人の職業観などを再度確認するとともに、税理士になる決意が確かであることが判明したため、本学経営学部の大学院への進学をすすめた。大学院入学当初はゼミで学習したことと内容が大きく異なるため、かなりとまどいがあったようであるが、税理士受験指導の専門学校に通う（いわゆるダブル・スクール）などしてその専門性を深めていった。ところが、その専門学校に通い、そこで学ぶ学生との交流が本人に新たなストレッサーとなり、心身のバランスが崩れはじめた。その姿をみて、本人に大学院に専念し、所定の課程を修了することを第一義的に考えるようアドバイスし、専門学校への通学を断念させた。その後は心身のバランスもよくなり、大学院を無事修了することができ、税理士受験に必要な会計系の科目が免除されることとなった。さらに、Bさんはその後、別の大学の大学院を修了し、税理士試験に必要な税法系の科目が免除され、晴れて税理士になることができた。現在は、父親の経営する税理士事務所を手伝いながら、税理士としての実務を学習中で、今後二年間かけて税法等の専門知識を修得した上で、正式に税理士としての登録をしたいと考えている。

最後に、Bさんの税理士としての職業選択の妥当性をキャリア・アンカー診断で見てみたい。

図表6-3からもわかるように、Bさんのキャリア・アンカーとしては専門性を重視するTFと、社会や価値あるものへの貢献を重視するSVが高い。これらは高度な専門性を必要とする税理士、税理士に求められる職業倫理、さらには「人の役に立つ職業に就きたい」という本人の職業観などと符合している点から、Bさんの税理士という職業選択は的確と言えよう。

図表6-3　Bさんのキャリア・アンカーの診断結果

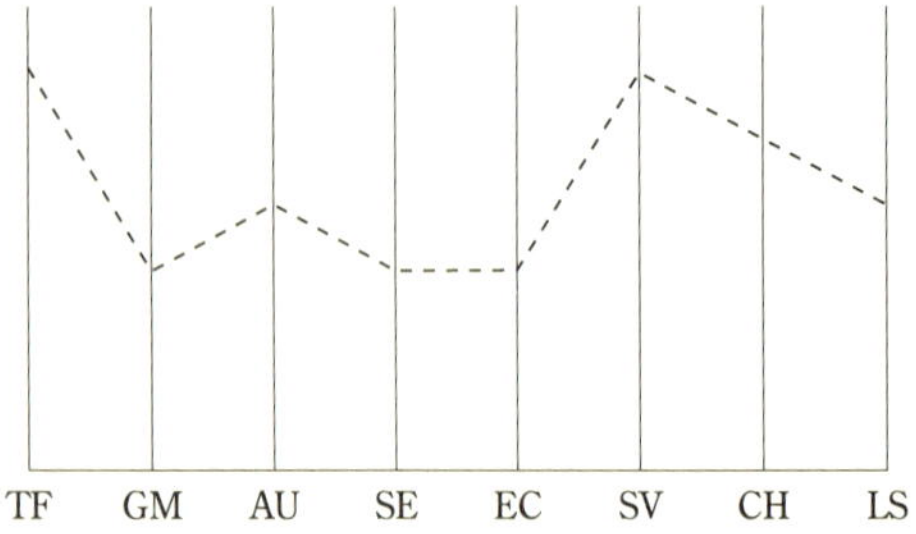

プロのコンサルタントをめざすCさん

Cさんは私のゼミの七期生（二〇〇二年三月卒業）で、副ゼミ長としてゼミ活動はもちろんのこと、ゼミの関東大会とも言うべきインナー大会参加の中心的メンバーとして論文執筆や討論の取りまとめを行なうような存在であった。Cさんの就職活動は、ゼミで学んだ専門性が生かせる人材ビジネス、たとえばコンサルティング業界、人材派遣業界などを中心に展開された。七社の面接を受け、内二社から内定をもらうことができ、現在はその内の社員教育では大手のコンサルティング会社で企画営業の仕事をしている。私のゼミでは、優秀な学生はコンサルティング会社に就職するといった伝統があり、彼女もそうしたひとりである。

ところで、Cさんがコンサルティング会社を志望するようになったのは、単にゼミで学んだ専門性を生かすのみならず、大学三年次の夏期休暇中におけるインターンシップが大きく影響している。インターンシップは一部上場企業の人事部門での体験学習が中心であったが、ゼミで学んだ人事管理に関する知識や制度が現場でどう展開されているかについての多くの知見は得ることができた。しかしその一方で、

図表6-4　Cさんのキャリア・アンカーの診断結果

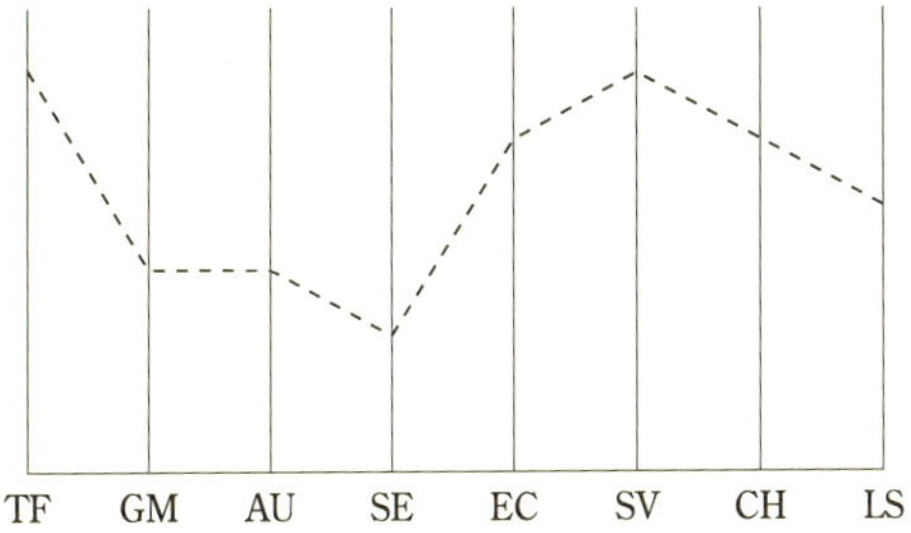

人事に関する仕事は事務的な仕事が多く、仕事にダイナミズムを求めるＣさんには合わないと感じたようである。こうしたインターンシップを通しての体験がより一層Ｃさんを仕事にダイナミズムが感じられるコンサルティング業界に向かわせたものと思われる。

Ｃさんに対する就職指導は、本人の職業観ややりたい仕事が明確であったので、それらが果たして本人に向いているのかを診断することからはじめた。診断ツールとしてはＲ‐ＣＡＰやキャリア・アンカーを活用した。キャリア・アンカーの診断結果は図表６‐４のようになっている。

診断結果からも明らかなように、Ｃさんのキャリア・アンカーとしては専門性を重視するＴＦと価値のあるサービスなどを提供して社会貢献をしたいとするＳＶが高くなっている。また、新製品や新しいサービスなどの開発・提案を志向するＥＣや困難な問題や高い目標にチャレンジする志向性を表すＣＨも高くなっている。これらの点を総括すると、特定の専門性を武器に、クライアントに新しい事業提案や問題解決の手法などを提案するコンサルティング会社はＣさんのキャリア志向性とも符合している。Ｒ‐ＣＡＰにおいても同様の結果がでている。

実際の就職指導は、面接試験で合格する秘訣やコンサルティング会社に求められる人材像などの情報提供を中心に行なった。また、私のゼミでは年に一度、卒業論文発表会を実施しており、そこにはゼミのOGも参加する。そうした卒論発表会のプログラムの中に、「先輩から学ぶ就職戦線を勝ち抜く方法」といったメニューが設定されており、Cさんもコンサルティング会社に勤務する先輩から多くのことを学ぶことができたことも内定獲得の大きな要因となっている。

コンサルティング会社入社後のCさんは本社の営業部門に配属され、新規クライアントの開拓およぴ自社のセミナー販売業務に従事している。入社一年目は飛び込み営業が中心であったが、二年目以降はクライアントの課題解決を中心とする提案型の営業が中心となる。Cさんは二年目あたりまでは比較的順調に営業実績をあげ、同期のなかでも比較的上位に位置づけられていた。しかし、三年目に入ったあたりから、仕事の内容が大きく変化しはじめ、クライアントのレベルが上がったことにより、その提案すべき内容もより高度なものが求められるようになった。さらに、後輩に対する指導的業務も加わり、Cさんは最初のキャリア上の壁にぶつかったようである。

Cさんとのキャリア・カウンセリングを通してわかったことは、この三年間で精神的な強さはできあがったものの、自分の売りになる専門性や得意とする専門分野(商品群)が未だないということである。そこで、Cさんに対し、これからの三年間のキャリア・デザインが極めて重要であることを認識させるとともに、自社の商品に関する専門知識を深めるようアドバイスをした。さらに、外部セミナーや異業種交流会への参加などを通して問題解決のスキル向上や分析的視点の拡大をはかることの必要性を指摘するとともに、自分なりの営業スタイル、つまり得意分野を構築するようアドバイスをした。その後は徐々に自信を回復しつつあるが、今後とも研究会を通してキャリア支援をしていきたいと考えている。

三月の時点で内定を獲得したDさん

Dさんはゼミの八期生（二〇〇三年三月卒業）で、ゼミ長として効果的にリーダーシップを発揮し、メンバーをうまく取りまとめていく存在であった。Dさんの就職活動は短期決戦型で、三月下旬までに内定を獲得し、就職活動をその段階で取りやめることとなった。Dさんが訪問した企業数は、コンサルティング会社、人材派遣を中心に一〇社程度で、内八社にエントリーシートを提出し、コンサルティング会社一社と人材派遣会社一社（いずれも業界の大手）の二社から内定を得ることができた。現在はその内の一社であるコンサルティング会社で企画営業の仕事をしている。Dさんの勤務するコンサルティング会社は前述したCさんが勤務する会社と同じで、社員教育では有名なコンサルティング会社である。

コンサルティング業界を志望するようになったのは、三年次の夏期休暇中におけるコンサルティング会社でのインターンシップに参加したことが大きな要因となっている。インターンシップ先での実習は研修ツールの入力や公開セミナーへの参加、さらには実際の企業での社員研修への参加な

図表6-5　Dさんのキャリア・アンカーの診断結果

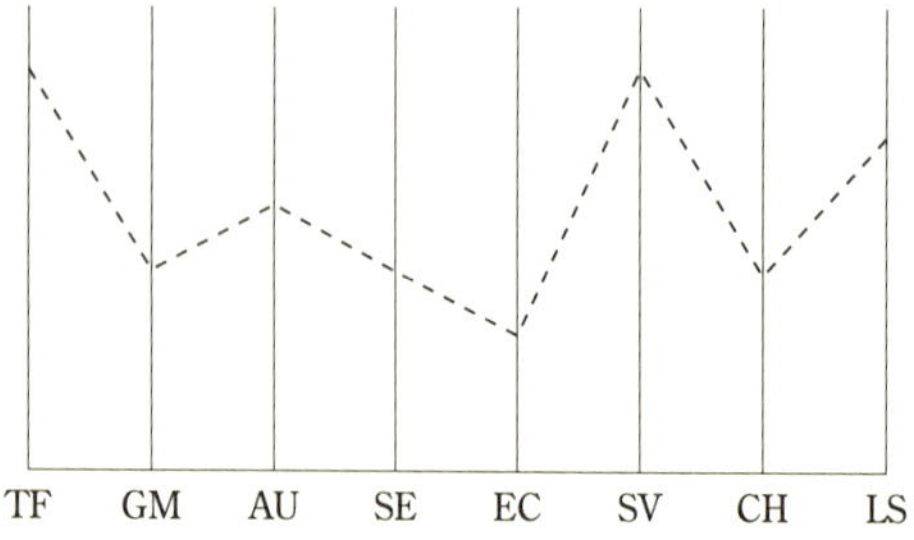

どが体験でき、本人のコンサルティング業界への憧れをより強くしていった。また、中学、高校時代は弁論大会に出場するなど、人前に出て話をすることに感動と喜びを覚えたことも、社員教育を中心とするコンサルティング会社で働きたいという思いを強くしたものと思われる。

　こうしたＤさんのコンサルティング業界への強い憧れとゼミや他大学との討論大会などで見せるプレゼンテーション能力の高さ、さらにキャリア・アンカーの診断結果などから、コンサルティング業界に向いているとの判断にたち、実際の就職指導は面接試験で合格する秘訣の伝授を中心に行なった。もちろん面接が進んでいくなかでのクリアすべき課題についてはできる限りのアドバイスを実施した。

　ここで、Ｄさんのキャリア・アンカーの診断結果を示しておきたい。図表6-5をみると、Ｄさんのキャリア・アンカーとしては専門性を重視するＴＦと価値あるサービスなどを提供して社会貢献をしたいとするＳＶがかなり高くなっている。困難な問題や高い目標にチャレンジする志向性を表すＣＨがやや低い点と、仕事生活と非仕事生活との調和を重視するLSがやや高い点はコンサルティング業界に働く上で少々気になるところであるが、全体的にみて、TFとSVがかなり高く、高度な専門性を必要とするコンサルティング業界に向いていると思われる。

Dさんのこうした職業選択に対し、両親の反応は異なっており、父親の方は自分のやりたいことを重視する点から賛成をするも、母親の方は転勤がない一般職を強く望んでいたようである。Dさんは現在、コンサルティング会社の大阪営業所で勤務しており、はじめて親元を離れ、ひとりで自立的な生き方をすることとなった。しかし、Dさんは憧れのコンサルティング業界でビジネスパーソンとしての第一歩を踏み出すも、慣れない土地での生活、思ったように営業成績があがらないことに対するいらだち、さらには人間関係の難しさなどから、入社半年で会社を辞めようと思い始めた。その悩んでいる時期にDさんより相談の電話がなんどかあった。Dさんとの電話からわかったことは、先輩社員との人間関係のこじれや成果主義を徹底する会社の方針や雰囲気になじめないことが要因となり、仕事の楽しさが見出せないまま、ただ惰性的に仕事をしている状況にあるということである。さらに、生活が仕事生活中心になりすぎ、非仕事生活つまり私生活との調和が保てないことも不満要因となっていた。学生時代のキャリア・アンカー診断で仕事生活と非仕事生活の調和を望むLSが高いことがコンサルティング業界で働く上での懸念事項であることは前述したとおりであるが、その懸念がまさに現実化しつつある。成果主義が会社の支配的価値となっているコンサルティング会社で、仕事の楽しさを見出していくためには、まずは自分の専門性を高めるとどもに、自分なりの営業スタイルを築きあげることが必要不可欠である。Dさんが悩むのも営業成績が上がらないあせりからくる自信のなさが大きな要因となっているものと思われる。そこで、Dさんの自信を回復させるべく、大学のゼミで学んだ専門性をベースに、自分の得意分野やジャンルをまず一つ作るようアドバイスをする。また、それらをベースにした提案型営業のやり方などについても教示した。さらに、プライベートな時間は仕事生活との時間の連続性を遮断すべく、マインド・チェンジをはかり、積極的に自己啓発に取り組むようアドバイスをする。具体的に読むべき本や専門誌などを提示した。

Dさんは本来、潜在能力が極めて高く、性格が負けず嫌いな点から、徐々に自信を回復するとともに、営業成績も上がりはじめたようである。また、Dさんを取り巻く人間関係も人事異動等により変化し、Dさんを指導・評価する環境が整備されたこともDさんのモチベーションを高める大きな要因となっている。Dさんからの電話が少なくなったということは、カウンセリングのプロセスにおける治癒と同様に、カウンセラーを必要とせず、自らの意思と能力で仕事ができる状態になったことを意味しているものと思われる。今後もDさんの成長を見守っていきたい。

2　転職グループに対する就職指導

二度の転職で活路を見出すEさん

Eさんはゼミの四期生（一九九九年三月卒業）で、ゼミ長として二〇人におよぶゼミ生をうまく取りまとめ、リーダーシップ能力にたけた学生であった。Eさんは経営学部卒業後は本学の大学院（経営学研究科）に進学し、修士号の学位を取得するとともに、修士論文が優秀論文として認定される程優秀な学生であった。Eさんの就職活動は大学院修了に合わせて実施されることとなる。

私のゼミにおける就職指導の方針は、自分のやりたい仕事を中心に業界をしぼり、徹底した業界研究を実施し、一〇〜一五社程度企業訪問をし、内二〜三社の内定を獲得することをモットーとしている。Eさんの就職指導もそうした流れのなかで実施された。Eさんの就職活動は人材ビジネス、コンサルティング業界を中心に七社受験をし、人材紹介の会社と大手コンサルティング会社の二社から内定を獲得することができた。将来起業の可能性がある人材紹介会社とプロのコンサルタントを育成するコンサルティング会社との選択で相当迷ったようで、本人より相談があった。そこで、ゼミで学んだ専門性が生かせ、プロのコンサルタントになるキャリアパスが明確なコンサルティング会社を選択した方が良いとの助言を与える。Eさんはゼミ入室時よりコンサルタントへの強い憧れがあり、最終的にはコンサルティング会社を選択することとなった。

コンサルティング会社入社後は大阪営業所で、企業に社員教育や組織開発の提案をする企画営業の業務に従事し、着実に営業成績を伸ばしつつあった。大阪地区における中小企業の経営者と懇談をし、教育ニーズを引き出し、社員研修案を提案するという仕事が面白く、Eさんにとってはまさに天職とさえ感じられるほどであった。

しかし、入社一年を経過したあたりから、指導的立場にある先輩社員との間に指導や営業フォローをめぐってトラブルが発生し、人間関係に亀裂が生じはじめた。こうした人間関係におけるトラブルを抱えはじめた前後より、Eさんからの相談の電話が増えた。時には精神的に相当落ち込んだ状態で電話してきたり、精神的に不安定な状態になりつつあることが手に取るように分かった。そこで、Eさんに休職願を提出させるとともに、いったん東京の実家に戻り、静養するようアドバイスをする。Eさんはアドバイスに従い、東京に戻り静養するとともに、心療内科の医師のカウンセリングを受け、心身の健康を回復することができた。コンサルティング会社には休職期間を含め一年五カ月勤務したが、退職することとなった。

ここで、Eさんの会社選択が正しかったかどうかを検証してみたい。Eさんのキャリア・アンカーの診断結果を示すと、図表6-6のようになる。

診断結果からも分かるように、Eさんのキャリア・アンカーとしては創造性を発揮し新製品や新事業を提案しようとするECと困難な問題や高い目標にチャレンジするCHがかなり高くなっている。また、専門性を重視するTFも高く、高度な専門性を基に新しいサービスや新事業を提案するコン

図表6-6　Eさんのキャリア・アンカーの診断結果

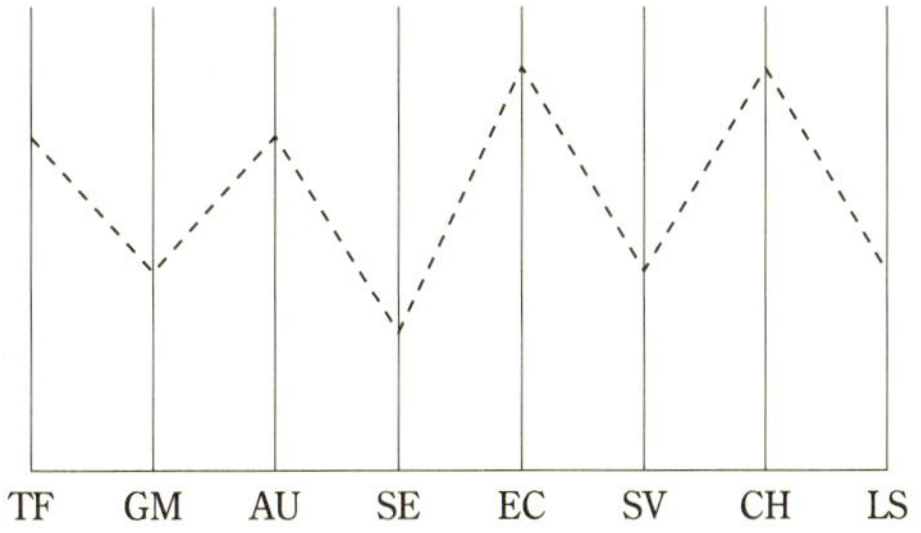

サルタントに向いているものと思われる。R-CAPの診断でも人事・労務やビジネスコンサルタントがEさんの仕事志向性にあった職種の上位三位に入っている。Eさん自身が企画提案型の営業が天職と感じるのも無理のないところである。Eさんはコンサルティング会社退職後、数カ月におよぶ休養をとるとともに、次のキャリア形成に向けて就職活動を再開する。今後のキャリア形成に関してEさんより相談があり、キャリア・アンカー診断の結果や本人の意向などを参考に、コンサルティング業界や企業の人事部門をメインターゲットに就職活動を展開するようアドバイスをする。残念ながらコンサルティング業界はことごとく不合格となるも、大手飲料系の会社の人事部門に採用された。採用の決め手は前職のコンサルティング会社での業務経験で、主に採用と教育・研修を担当することとなった。特に、教育・研修業務ではこれまでの経験や知識が有効活用でき、Eさんの能力やキャリアを思いきり発揮できる場や環境が与えられることとなった。

しかし、こうした恵まれた仕事環境のなかで、以前の会社と同様に上司との人間関係にトラブルが生じ、一年足らずで退職せざるをえない状況となる。そこで、Ｅさんと直接会い、次の求職活動を展開する前に、交流分析[1]（ＴＡ＝Transactional Analysis）の手法を援用して人間関係にトラブルを発生させないようなセルフコントロールの仕方を教授した。私のゼミでは、ゼミ入室時にＴＡによる自己分析やセルフコントロールの仕方を教えているため、Ｅさんも当然ＴＡに関する知識は持ち合わせている。Ｅさんのエゴグラム診断では、厳格で自己責任性が強いＣＰ（Critical or Controlling Parent）のスコアがかなり高く、相手の存在を認めたり、受容するＮＰ（Nurturing Parent）のスコアがやや低くでており、この二つの自我状態の葛藤が人間関係にトラブルを生じさせていると思われる。幸い、状況判断ができる大人の自我状態を表すＡ（Adult）のスコアが最も高くなっている。そこで、Ｅさんに、今後は大人の自我状態を表すＡを働かせ、状況に応じて相手の主張や意見にも耳を傾けるとともに、相手の良いところにも目を向ける（いわゆる美点凝視）ようアドバイスを与えた。一方、再就職活動を展開するにあたっては、次のような三つの点だけに留意するようアドバイスを与えた。一点目はこれまでのような一般公募のエントリーをやめ、人材紹介会社を介して求職活動を展開することである。二点目はこれまでの二つの会社でのビジネスキャリアが短いため、キャリアを代替できるような専門性を身につけることである。最後はこれまでのようなジョブホッピングに近い転職を繰り返さないよう、一〇年後のキャリアをきちんとデザインするということである。こうしたアドバイスが効いたこともあり、Ｅさんは人材紹介会社の斡旋により大手商社系のテレマーケティングの会社に内定をし、テレフォンオペレーターの採用や教育、テレフォンセンターの運営業務に携わっている。

また、将来、キャリア・カウンセラーになるべく、外部のカウンセラー養成講座に通い、キャリアカウンセラーの資格を取得することもできた。このキャリア・カウンセラーの資格は現在の仕事にもかなり役立っているようで、将来に向けキャリア・カウンセラーとしての経験を積んでいきたいとしている。

アメリカに新天地を求めてキャリアアップをはかるFさん

Ｆさんは私が非常勤講師をしていた立教大学経済学部のゼミ生で一九九九年三月に卒業し、卒業後も定期的にキャリアアドバイスをしている。ゼミでは中心的な存在で、積極的に論文発表や討論をリードしていた。Ｆさんの就職活動は、「女性の感性を生かして働ける」業界にターゲットがしぼられ展開された。具体的には、化粧品業界、宝飾品業界、アパレル業界などを中心に展開された。そうしたなか、数社からの内定を獲得するも、面接でＦさんをひとりの個人としてその個性を引き出してくれた大手の下着メーカーへの入社を決めた。Ｆさんが入社を決めた下着メーカーは本社が関西地区にあったため、Ｆさんは東京の親元を離れ、見知らぬ土地での自立的な生活をすることとなった。

下着メーカーでのＦさんの仕事は新商品のパンフレット制作や機関誌制作等の編集業務、代理店対象の海外および国内イベントの企画・運営業務、さらには予算管理業務を担当していた。こうした業務の内、特に代理店対象の海外イベントの企画・運営を担当するなかで、アメリカに行って現地の外人スタッフや旅行エージェントなどと交渉する機会が増えてきた。長年、独学で英語を勉強し続けてきたFさんにとって、これが大きな刺激となり、実際にアメリカで働く現場を体験してみたいという潜在意識の中に閉じ込められていた欲求が頭を持ち上げ始めた。Fさんは自分自身のなかで相当悩んだあとに、相談の手紙を送ってきた。そこで、直接、本人に電話し、どういうキャリアビジョンを描いているのか、どこまでアメリカ行きの腹づもりができているのかを確認してみた。その結果、Fさんはビジネス・インターンシップを活用し、ロサンゼルスにあるアパレル会社で約六カ月におよぶインターンを受けることを計画しており、二年九カ月の勤務を通してその資金の準備もできていることが判明した。さらに、ビジネス・インターンシップ修了後のキャリアビジョンに関しても、将来は女性に美を提供できるようなビジネスで日本とアメリカの橋渡しをしてみたいと考えていることもわかった。

そこで、Fさんのアメリカ行きに賛成するとともに、インターンシップ中に人のネットワークを拡げ、インターン修了後のビジネスプランのたたき台をラフ・デザインするようアドバイスをする。Fさんは二年九カ月におよぶ下着メーカーの勤務に終止符をうち、アメリカでのビジネス・インターンを受けることとなった。

本人からのメールによれば、Fさんのアメリカでのビジネス・インターンは順調に進み、英語力の上達のみならず、アメリカにおけるアパレル産業のビジネスの展開の仕方なども徐々に分かり始めたようであった。

ところが、インターン修了間近に、一度日本に帰国するので、会って相談したいことがあるとのメールが入り、Fさんと会うこととなった。相談内容は、日本ではまだ聞き慣れないマーチャンダイズ・マーケティングやデザインが学びたく、アメリカの大学に編入すべきかどうか迷っているということであった。しかも、その大学の授業料がかなり高く、親の援助を受けざるを得ない状況にあることが判明した。

そこで、本人にまず、その大学でデザインやマーチャンダイズ・マーケティングを学ぶことがFさんの将来のキャリアビジョンやビジネスプランにどの程度役に立つのかを確認したところ、彼女がやりたい女性に美を提供するビジネスに直接応用できる実践的な学問体系であることが分かった。Fさんはこうして学ぶマーチャンダイズ・マーケティングやデザインを日本とアメリカをつなぐビジネスに何とか生かしていきたいと考えているようである。本人の大学編入の意志が固い点、将来のキャリアビジョンに有益である点などから、アメリカの大学で学ぶことに賛成をするとともに、こうした自分の気持ちと考えを両親に正直に話し、援助をお願いするようアドバイスをする。両親も本人の気持ちに応えるべく金銭的援助を快諾したようである。それにより、めでたくFさんはアメリカの大学に編入学することとなった。

現在はアメリカで結婚をし、パートナーの協力を得ながら、将来のビジネス設計に向け、ラフ・デザインを始めたところである。

最後に、こうしたFさんのキャリア選択の妥当性をキャリア・アンカーの診断結果から見てみる

図表6-7　Fさんのキャリア・アンカーの診断結果

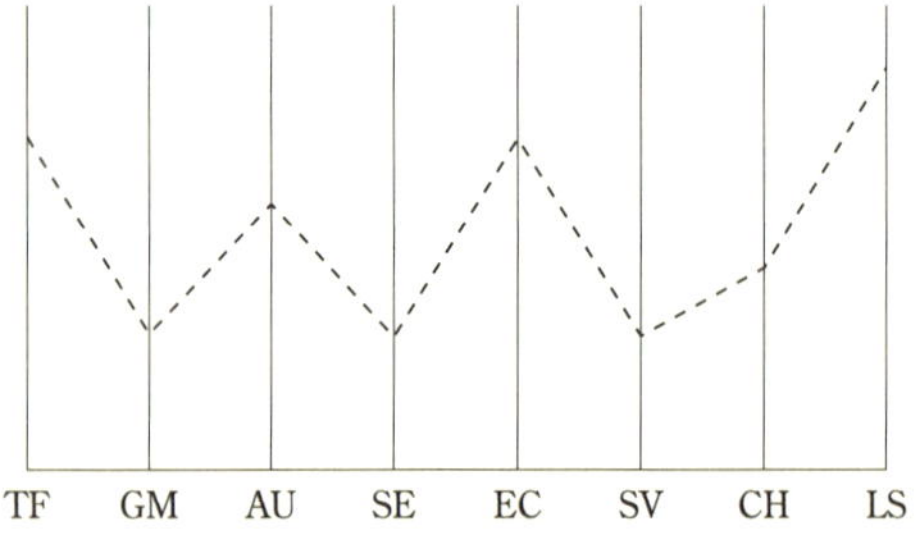

こととする。

図表6-7を見ると、Fさんのキャリア・アンカーとしてはTFとECが高く、将来は特定の専門性で日本とアメリカをつなぐビジネスを展開したいと考えているFさんのキャリア志向性とは符合しているものと思われる。また、仕事生活と非仕事生活の調和を求めるLSが最も高くなっているが、これも結婚を通して精神的な安定感を得ることができ、以前よりも広い視野から物事を考えることができるようになったとしている。つまり、仕事生活と非仕事生活の調和がうまくとれているようである。こうした点から、今回の結婚は一方で精神的、経済的な面でFさんの生活基盤を根底から支えるとともに、他方で将来に向けたビジネス展開に何らかの成果をもたらすものと思われる。

転職で人事のプロフェッショナルをめざすGさん

Gさんは Fさん同様、立教大学経済学部のゼミ生（二〇〇〇年三月卒業）で、かなり個性的な学生であった。ゼミではゼミ長として討論場面でも斬新な切り口から議論をリードするとともに、四年生中心のゼミで唯一の三年生にもかかわらず、強烈なリーダーシップを発揮していた。Gさんは大手放送局の子会社の社長をしている父親の影響を受け、高校時代よりTV関係やマスコミ関係に就職したいと考えていた。大学を立教にしたのも、立教大学がマスコミに強い大学であるとの認識に基づいている。

ゼミを私の人的資源管理ゼミにしたのは、人のマネジメントや組織に対する見方はどの会社でも必要不可欠であると考えたことが決め手となっている。つまり、ゼミは就職と直接関連づけず、組織に必要な普遍的なマネジメントの基礎を学ぶことを主たる目標としてゼミを決めたようである。

前述したようなTV業界やマスコミ業界に対する強い憧れから、Gさんの就職活動はおのずとTV局やラジオ局を中心に展開された。しかし、TV、マスコミ業界の異常な人気の高さから、残念ながらどこからも内定をとることができなかった。

そこで、Gさんは一八〇度方向転換をし、父親の紹介で大手の証券会社の採用面接を受け、内定を獲得することができた。こうしたGさんの方向転換に少々不安を感じていたので、Gさんに会い、その本音を確認したみた。その結果、Gさんは小さいときから貯蓄（金）に興味があり、株式投資も一種の貯蓄性を有した金融商品であると考えた点、また大学三年次に取得した簿記二級の知識が株式の評価換えに活用できる点、さらに本人も納得した上での方向転換であることが分かり、証券会社への入社に賛成をした。

証券会社入社後のGさんは、当初は窓口業務を担当していたが、株式が人間の心理と深く関わっており、顧客のそうした心理状態の機微に触れたくなり、営業への転換を自己申告した。Gさんの証券会社では、これまで大卒女性の営業職は存在していなかったが、Gさんの熱意と能力が認められ、営業職に転換することができるようになった。営業職に転換後は、顧客の開拓や人との新たな出会いが大きな刺激となり、営業成績もかなり好調であったようである。しかし、このように営業に関してはかなりの実績もあげ、目標としていたレベルにも到達することができた反面、今後のキャリアイメージやキャリア形成のあり方が見えなくなりつつあった。どうもGさんは営業という仕事には発展性がなく、ずっと継続してやる仕事ではないと思い始めたようである。ちょうど、そうした将来に向けたキャリア形成に悩んでいる頃に、Gさんより相談があった。相談内容はアメリカの金融・証券会社でのビジネス・インターンシップにいくべきか、それとも国内で転職活動をすべきかについてアドバイスがほしいというものであった。ビジネス・インターンについてはゼミの先輩でもあるFさんより色々情報を得ていたようで、ビジネス・インターンの準備に向け、二年五カ月勤務した証券会社を辞める決意をしていた。

Gさんとの面接で、まず確認をしたことはビジネス・インターンの目的と帰国後のキャリアビジョンができあがっているかどうかということである。インターンの目的は金融・証券の本場であるアメリカで金融・証券のビジネス体験をするとともに、語学力を向上させることに置かれていた。アメリカの金融・証券会社でのビジネス・インターンは、帰国後のキャリアビジョンであるベンチャーキャピタルやインベストメント・バンカーへの転職にもつながる点などからアメリカでのイン

図表6-8　Gさんのキャリア・アンカーの診断結果

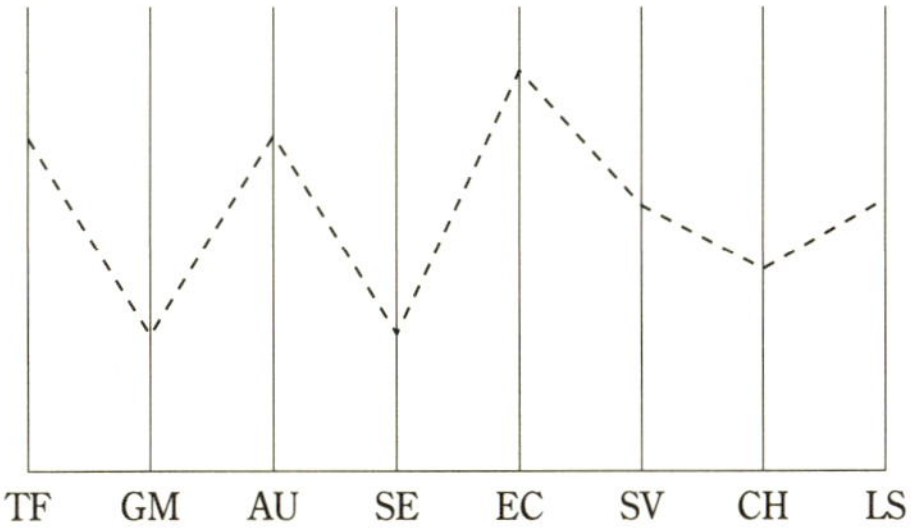

ターンシップに賛成をした。その後、証券会社を退職し、アメリカ行きを決めたが、渡米直前にイラク戦争が起き、テロの危険性が高いとの理由からアメリカでのビジネス・インターンを断念せざるを得なくなった。

そこで、急遽、国内での再就職活動を展開することとなったため、Gさんに人材紹介会社に登録し、その斡旋を通して求職活動をするようアドバイスをする。また、同時に将来のキャリアビジョンの構築に関するアドバイスやキャリア・アンカー診断を通しての適職判定なども並行して行なった。Gさんの将来のキャリアビジョンとしては、経営管理や人材マネジメント業務を経験し、できればコンサルタントになりたいとの意向が強くなり、これまでとは大きく変化していた。こうした変化の背景には、ゼミや私の研究会で学んだ専門性や簿記の勉強を通して習得した経営管理に関する専門性を生かし、将来はコンサルタントとして独立したいという強い思いがあるものと思われる。

キャリア・アンカーの診断からは、TFやECが高く、高度な専門性をもってクライアントに新しい事業提案や問題解決の手法を提案するコンサルタントが向いているとの診断結果がでた（図表6-8参照）。

Gさんはコンサルタントをめざし、人材紹介会社に登録をするも、思ったような紹介が得られず、自らの意志でシステム会社の求人にエントリーし、内定を獲得した。システム会社では、経営企画室に所属し、経営指標や管理資料を作成するとともに、人事制度導入のプロジェクトにも参加した。そこでの実績や能力が評価され、現在は人事部門で採用業務や制度設計業務に従事している。人事部門でのキャリアを積んで、将来は人事のコンサルタントとして更なる飛躍をしたいとしている。

3　フリーターグループ（予備軍）に対する就職指導

ウエディングプランナーをめざしてコンビニでアルバイトをするHさん

Hさんは二〇〇四年三月に卒業したゼミ生で、卒業時までに正社員としての内定が取れなかった学生である。現在は将来の夢であるウエディングプランナーをめざしてアルバイトをしているフリーターである。Hさんのこれまでの就職活動を振り返り、彼女の就職活動に何が欠けていたのか、どんな指導が必要であったのかを考えてみたい。

Hさんは自分の職業として、幼稚園の頃は看護師に、小・中学校の時は花屋さんに、高校時代は歌手になりたいと考えていた。しかし、大学に入り親元を離れ、親の経済的負担を少なくしようとはじめたアルバイトにおける接客経験を通して多くのことを学び、就職はこうした接客経験が生かせる職業に就きたいと思うように変化していった。実際の就職活動は大学三年生の一一月にリクナビに登録をし、翌年の二月より就職活動に入っていた。ここまでは内定を獲得した他のゼミ生と何ら変わるところはない。私のゼミでは就職戦線に突入する前に、三年次の一〇月までにリクルートの職業適性検査であるR-CAPとキャリア・アンカーの診断を受けさせ、それをベースに学生一人ひとりと個人面接を実施し、必要なアドバイスを与えている。

そうした個人面接のなかで、Hさんは接客業務を中心に自分で何かを生み出せる職業に就きたいとの考えから、ブライダル関係とエステ関係を中心に会社訪問をする予定であることを告げる。ブライダルに関しては、小さいときから華やかさに対する憧れがあり、結婚式という人生の最大イベントに関わる仕事は自分の夢でもあり、なにがなんでもやってみたいという強い意志が感じられた。

ここで、HさんのR-CAPやキャリア・アンカーの診断結果から、ブライダルやエステが本人に適した仕事であるかどうかを見てみた。R-CAPの職業志向性においては、感性・クリエイティブ志向と社交・ホスピタリティ志向が強く出ており、こうした志向性に適合した職種として、ホテル・旅館の接客業務、フライトアテンダント、パティシエなどがあげられている。一方、キャリア・アンカーに関しては図表6-9のようになった。

キャリア・アンカーの診断からは、R-CAPほどホスピタリティや接客業務に向くとの結果は得られなかった。しかし、新しいサービスや商品の開発に対する志向性を示すECが高くなっており、R-CAPの感性・クリエイティブ志向と同様の結果が得られた。こうした感性・クリエイテ

図表6-9　Hさんのキャリア・アンカーの診断結果

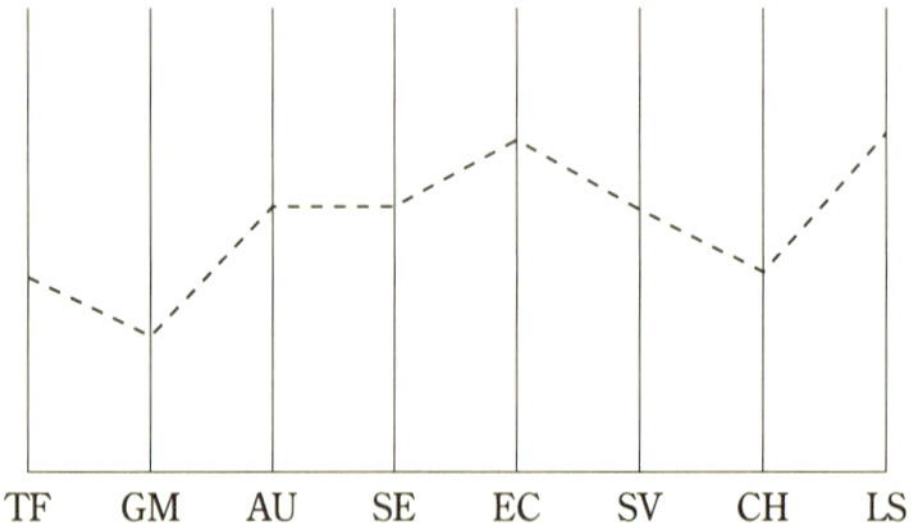

イブ志向は結婚式をプロデュースするウエディング・プランナーに必要と思われる。

こうした職業適性の診断結果から、Hさんにブライダルとエステを中心に、ホテル業界まで視野に入れて就職活動を展開するようアドバイスをする。しかし、実際の就職活動は五〜六社企業訪問しただけで、就職活動を中断してしまった。その主な要因はTVドラマの影響もあり、ブライダル業界の人気が極めて高く、超激戦になったことと、就職に対するスタンスが確立されておらず、その真剣さに欠けていたこと、さらには面接に対して抱く恐怖心などが考えられる。その後、なんどか本人との面接等を通じてアドバイスをするも、全く自信をなくし、ついには就職戦線から離脱することとなった。

卒業後のHさんは、親元に戻り、知人の経営するコンビニで、週三日アルバイトをし、なんとか生計を維持している。今のようなフリーターとしての働き方を、Hさんは一面では自由を謳歌できるもののの、経済的、社会的に不安定で、親や周囲の視線には大変気をつかうとしている。Hさんは、学生時代よりもウエディングプランナーに対する思いはより一層強くなっており、金銭的基盤を築きあげた後、フラワーアレンジメントやホテルでの接客業務などを経験した上で、最終的にはウェディング・プランナーになりたいと考えている。

就職戦線というステージからおり、自分探しを続けるIさん

Iさんは現在四年生（二〇〇五年三月卒業予定）で、残念ながら卒業までに内定を得ることができなかった学生である。Iさんの就職活動は三年次の一一月のリクナビ登録に始まり、翌年の二月頃より旅行業界にターゲットをしぼり展開された。旅行業界にターゲットをしぼったのは、大手商社勤務の父親が中国、台湾などへ単身で海外赴任しており、家族で父に会いに行くうちに海外が好きになったこと、さらには二年次に体験した海外への短期留学により英語が好きになったことなどが大きな要因となっている。

訪問した企業数は旅行会社や旅行関係の出版社などを中心に一五社近くにおよぶが、三次面接まですすんだ一社を除いて、エントリーシートの段階や一次面接の段階ですべて不合格となる。こうした不合格が続いてから、Iさんは六月以降就職活動を中断してしまうこととなった。

就職戦線に入る前の段階でのIさんとの面接では、R-CAPの診断結果は職業志向性として対人・接客志向や社交・ホスピタリティ志向がなり高く、こうした志向性に合った職業として旅行代理店やツアーコンダクターがかなり上位にランクされている点から、旅行業界を第一志望群にする

図表6-10　Ｉさんのキャリア・アンカーの診断結果

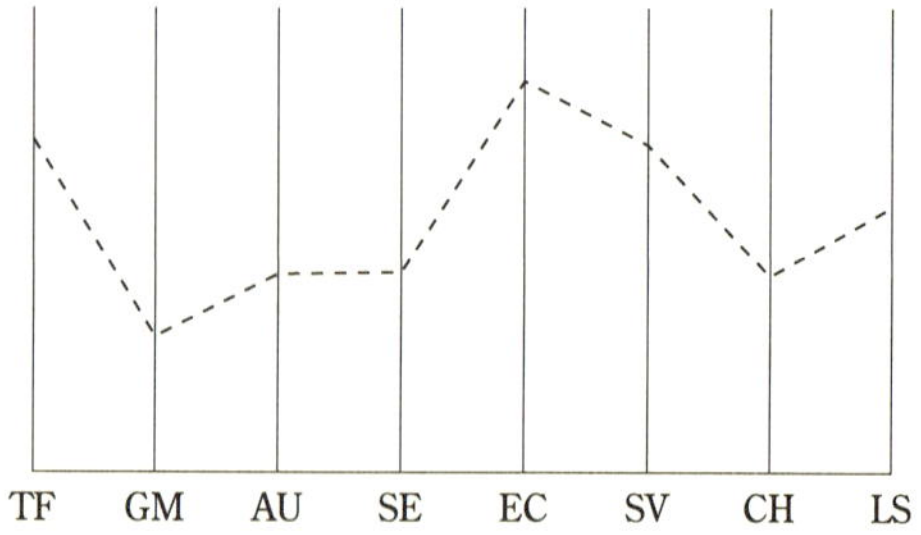

ことには賛成をした。同様に、キャリア・アンカー診断結果からも、特定の専門性に基づき（TF）、新しいサービスや旅行プランなどを企画・提案し（EC）、顧客の嗜好性やニーズに応えていく（SV）ツアーコンダクターは向いているものと思われる（図表6-10）。しかし、旅行業界はかねてよりの人気業界でかなりの激戦が予想される点から、対人・接客志向に適合した業界も並行して回るようアドバイスを与えた。

しかし、就職活動中断後の今回の面接でわかったことは、Ｉさんは業界を旅行業界に限定するとともに、自己分析や職業観があいまいなまま、就職戦線に突入したため、エントリーシートの自己PRや会社の志望理由がうまく書けないことがわかった。Ｉさんの就職活動失敗の最大要因は、こうした特定の業界へのこだわりと職業観も確立することなく、安易な形で就職戦線に入っていったことにあるものと思われる。その結果、Ｉさんは書類選考の段階で落ちることがたび重なり、自信を失うとともに、就職活動そのものが面倒くさくなり、ついには就職戦線から離脱してしまうという悪魔のサイクルに陥っていった。面接を通して、過去にもこうした現実逃避的

図表6-11　Iさんのキャリア・アンカーの拠り所

な行動をとったことが何度かあることもわかった。

そこで、Iさんに、図表6-11に見られるように、自分のキャリアの拠り所となるwill (want), can, must (should) を明確にするとともに、五年後のキャリアビジョンを描き、それらをベースに仕事選びをするようアドバイスをする。その後、Iさんは自分と向き合い、これまでのように逃げることなく、将来に向けてのキャリアデザインに真剣に取り組み始めたようである。

以上、私のゼミの現役の学生・OG九名に対するキャリアカウンセリングや就職指導の実際について記述してきたが、こうした就職指導を通してわかったことを整理してみたい。まず、就職指導を行なうにあたり何よりも大切なのは、本人の職業適性を客観的な視点から診断できるツールを活用し、それに基づいて本人のキャリア・デザインをサポートするということである。客観性に欠けたキャリアアドバイスは、指導者の価値観やこれまでの職業経験に大きく左右され、妥当性を欠く危険性がある。

つぎに大切なのは、本人のやりたいこと (will, want)、能力・スキル (can)、仕事をする上での価値観や譲れない原則 (must, should) がうまく交わるようキャリア・デザインをサポートするということである。その際に、学生であっても少なくとも一〇年先のキャリア・ビジョンを描かせるよう、時間軸をしっかり念頭に入れ、サポートすることが肝要である。

最後は、大学生に対するキャリア・デザインのサポートは、学生時の職業選択で終了するのではなく、むしろ卒業後のサポートが大切であるということである。特に、キャリアのターニングポイントである三年目、五年目、さらには一〇年目あたりについてはキャリア・デザインに対するサポートが必要と思われる。サポートの機会としては、卒業後の研究会やOB・OG会などが便利でかつ有効である。しかし、こうした卒業生に対するキャリア・デザインのサポートは教員個人での対応では時間的、物理的に限界があり、大学のキャリアセンターが卒業生に対するサービスの一環で行なうことが望ましい。卒業生に対するこのようなサービスが大学に対するアイデンティティや母校愛を醸成し、自分の子女の母校への入学を促進させる効果があるものと思われる。

注

（1）交流分析とはTransactional Analysisのことを意味しており、通常はその略語としてTAが使われている。TAは、精神分析の創始者であるフロイトの流れをくみ、アメリカの精神分析医のE・バーンによって開発されたものである。別名、口語版の精神分析と呼ばれることもある。TAでは、われわれの自我状態を親の自我状態（Parent：P）、大人の自我状態（Adult：A）、子どもの自我状態（Child：C）の三つに区分している。一般的にこれをP-A-C分析と呼んでいる。さらに、親の自我状態は厳格な父親的な自我状態を表すCritical（Controlling）Parent（CP）とやさしい母親的な自我状態を表すNurturing Parent（NP）に、子どもの自我状態は自由な子どもの自我状態を表すFree Child（FC）と従順な子どもの自我状態を表すAdapted Child（AC）に区分されている。

第七章　若年層の職業意識に応えるために

最終章では、大学生を中心とする若年層の職業意識の変化にどのように対応していけばいいのかを国、企業・産業界、大学、親の四つに分け、それぞれ解説していく。

1　国に求められる対策
——若者自立・挑戦プランを中心に——

若年層の職業意識の変化に呼応する国の雇用対策としては、大きく三つが考えられる。一つ目はフリーター、ニート、新規学卒無業者に対する職業意識の涵養と職業訓練の実施、さらには雇用機会の確保である。現在、若年者の就業支援を専門とする機関としてヤングハローワーク（厚生労働省管轄）、ヤングジョブスポット（雇用・能力開発機構管轄）、ジョブカフェ（各都道府県管轄）などが存在するが、それぞれの業務の違いが不明確で、利用者の混乱と場合によっては非効率を招く恐れすらある。今後はこれらバラバラな機能が統合される必要がある。さらに、最近では二〇〇三年一〇月に、京都の関西文化学術研究都市において「私のしごと館」がオープンし、職業体験の機会や職業情報の提供、キャリア形成に関する相談・援助などが行なわれている。二つ目は学校から社会へのスムースな移行である。高校生や大学生に対する職業カウンセリングやアドバイスを実施するとともに、インターンシップやトライアル雇用による適職発見機会を提供するなどして、学校から社会への円滑な移行を推進しなければならない。三つ目は学校における教育システムやプログラムの改革である。これは教育プログラムとしてインターンシップや企業実習と教育・職業訓練を組み合わせたデュアルシステムを導入することにより、職業意識の醸成や職業能力の向上をはかり、職業選択におけるミスマッチを少なくすることを目的としている。

若者自立・挑戦プラン

このような国に求められる若年者雇用対策として、政府は二〇〇三年六月に「若者自立・挑戦プラン」を発表した。このプランは若者の雇用問題を社会保障や経済活動全般に影響をおよぼす国家的な重要課題として位置づけ、省庁横断的な連携のもとに、二〇〇四年度（平成一六年度）から三年間にわたり本格的な若者雇用対策を実施するものである。

プランのポイントとしては以下のような六つがあげられる。(1)

◆創業予備軍を対象に、創業塾を引き続き開催するとともに、経営戦略等の知識・ノウハウの体得を支援する「第二創業コース」を全国二〇〇カ所に拡充する
⑥国民各層が一体となって取り組む国民運動の推進
◆国民会議（仮称）を開催し、若者の人間力を高めるための国民運動を推進するとともに、若者フォーラムとして「若者チャレンジキャラバン（仮称）」等のシンポジウムを開催する
◆女性若年層の就業促進のための情報提供・意識啓発キャンペーンを実施する

若年者の就職を支援するYES-プログラム

厚生労働省は二〇〇四年四月に、若年者の就職を支援するYES-プログラム（若年者就職基礎能力支援事業）(2)を発表し、事務・営業の職種について実際に企業が若年者に求めている就職基礎能力の内容や、それを身につけるための目標を若年者に提示した。YES-プログラムで厚生労働省が認定した講座は五五五講座（六六機関）、試験は一四四試験（二八機関）である。YES-プログラム認定講座の修了者または認定試験の合格者は、本人の申請により厚生労働大臣の「若年者就職基礎能力修得証明書」を受領することができる。こうしたYES-プログラムは一方で、若年者に企業が求める能力を提示しその努力の方向を示すとともに、他方で企業は証明書により若年者の就職基礎能力が把握でき、雇用のミスマッチを減少させる効果が期待できる。

このような「若者自立・挑戦プラン」や「YES-プログラム」は、本章の冒頭で指摘した若年

層の職業意識の変化に呼応した国に必要な雇用対策をほぼ網羅しており、評価できるものとなっている。しかし、こうしたプランやプログラムは若年層の能力向上と経済的自立がかなり強調されており、急増するフリーターやニートに対する対症療法的な対策の感をぬぐいきれない。今後はニートやフリーターが社会における敗者と感じないような、別の表現をするならば有用な人材と感じられるような施策がより一層強く求められる。そのためには、若年者一人ひとりの生涯にわたるキャリア・プランの構築を支援するとともに、多様な働き方や雇用機会を創出していく必要がある。こうした多様な働き方や雇用機会としては、ボランティア的活動の推進やソーシャルサービス分野における仕事や雇用機会の創出などが考えられる。これまでのような短期的な視点から職業能力の習得を中心とした雇用重視の政策から、社会全体が若年者の新しいキャリア観を受け入れ、さらには新しいキャリア観に基づき働くことができる機会を提供できるような長期的な視点に立った政策へのパラダイムチェンジが必要とされてくるであろう。

2　企業・産業界に求められる対策

若年者を中心とする雇用促進・人材育成に関する共同宣言

国の若年者雇用対策が効果的に展開されるためには、産・官・学の連携が必要不可欠となってくる。二〇〇三年の日本経団連と日本商工会議所の「若年者を中心とする雇用促進・人材育成に関する共同宣言」に見られるように、産業界のバックアップなくしては国の若年者雇用対策の実施もおぼつかないものと思われる。共同宣言のなかでは、官民が協力して取り組むべき具体的施策として、地域における新たなパートナーシップの形成があげられている。(3)これはハローワークやそれと同様の業務を行なっている機関とが相互に連携しあいながら、地域の特性に応じたきめ細やかな職業紹介、カウンセリング、職業訓練等を効率的に推進するキャリアセンターを地域主体で設立かつ運営することをめざしたものである。キャリアセンターは、従来さまざまな機関でバラバラに行なわれていた雇用関連サービスをワンストップで提供していこうとする点に大きな特徴がある。

さらに、共同宣言のなかでは充実すべき施策として以下のようなものがあげられている。

①インターンシップ、トライアル雇用等の推進
②官民の協力による雇用情報提供
③企業のニーズに応じた効果的な職業訓練の実施
④学校でのキャリア教育の充実
⑤創業・起業の活性化のための高度職業教育の充実

なかでも学校のキャリア教育の協力に関して、日本経団連の経営労働政策委員会では、産業界も企業人講師の派遣、職場見学やインターンシップなど学校の職業教育の充実に協力をし、社会人として巣立つための支援活動を積極的に行なうことが大切とし、産学連携のキャリア教育の推進を提言している。(4)すでに兵庫県や富山県などでは、中学二年生の段階から一週間の就労体験を義務づけ

ており、テレビなどの放映によれば一定の効果があがっているとのことである。村上龍の『13歳のハローワーク』が一〇〇万部を突破したのもこうした動きと関連があるものと思われる。中学・高校時代に実際の仕事を体験することは、働くということはどういうことか、職業の内容は何かなどに肌で触れることができ、職業観の確立や職業に対する興味の喚起に大きな影響をもたらすと思われる。

コーポレート・ユニバーシティの設立

ところで、無業者やフリーターなどの若年者に対する雇用対策はこれまで述べてきた産官学連携の対策でカバーできるものの、仕事志向やプロフェッショナル志向の強い若年層に対してはほとんど効果が期待できない。従来のようなＯＪＴや階層別教育を中心とした企業内教育ではこうした若年層のキャリア形成のニーズに応えていくことはできない。これまでのような職業教育（訓練）のあり方から脱却し、新しい職業教育の枠組みや仕組みがまさに今必要とされている。

このような新しい職業教育の仕組みとして、最近脚光を浴びているのがコーポレート・ユニバーシティ（以下ではCUと表記）、いわゆる社内大学である。リクルートワークス研究所によれば、フォーチュン500に名を連ねるアメリカのトップ企業の約四割がすでにCUを備えているとされている。(5) わが国でも東レ、ニチレイ、ソニーなどで設立されており、今後はさらに多くの先進的企業で導入されていくものと思われる。一般に、CUの作り方には二つの方向があると言われている。

一つは次世代リーダー育成に向け、ＭＢＡなどの経営手法をまなぶビジネススクールを社内に作るやり方で、もう一つは高卒社員を対象に大学の授業を社内で受けさせる目的で作るものである。松下電器では、前者のようなビジネススクールとして、事業部長や次世代事業部長を育成する「リーダーシップ教育プログラム」が設置されており、後者のような社内大学として「松下ものづくり大学」が設置されている(6)。

しかし、ＣＵを一つの企業のみで設立する場合は、習得する技能や専門性の適用範囲が特定の企業内に限定されるため、すなわち非汎用的技能・専門性の色彩を帯びるため、雇用の流動化社会では有効なセーフティネットにはなりえない。ＩＦＩ（Institute for The Fashion Industries：財団法人ファッション産業人材育成機構）のビジネス・スクールに見られるように、業界連合型ＣＵの設置が望ましい(7)。業界固有の暗黙知をＣＵの教育プログラムとして形式知化することは、習得技能の適用範囲を拡大するとともに、業界全体の職業能力向上のための教育の場ともなりうる。さらには、業界連合型ＣＵの教育プログラムの構築や講師派遣などで大学と連携すれば、大学改革にも間接的に貢献できることとなる。

大学生の就職活動への対応

大学生の就職活動に対して企業に求められる対策に関しては、第三章の企業の採用活動で述べたように、大きく二つが考えられる。一つは学生の職業意識や職業適性をよく見極めることができるような採用方法を導入するということである。静態的な面接を中心とする採用方法を補完するために、インターンシップやコンピテンシーを活用した採用や職種別採用の導入などが必要となってくる。また、大学生の就職に対する意識の醸成を促す観点から、採用活動のスタート時期を遅らせ、少なくとも三年次の学年末定期試験終了後からスタートさせるといった対応なども必要となってこよう。就職協定廃止以降、企業の早期人材獲得合戦が続き、採用の開始時期がどんどん早まっている。学生の就職に対する意識転換をはかるためにも、大学教育の形骸化を防ぐ観点からも採用活動のスタート時期の再考が必要である。

もう一つはＲＪＰである。七・五・三現象に見られるように、大学生の三割は三年以内に転職をする。この大きな要因は入社前に学生が抱いた企業や仕事のイメージが、入社後の仕事を通して抱く実際のイメージと大きくくずれてしまう点にある。こうしたイメージギャップをなくすためには、良いことも悪いことも含め、企業や仕事のありのままの情報、つまり仕事の内容や職場の雰囲気などのＲＪＰの提供が必要である。入社前にＲＪＰを通して学生に自分にとって会社とは何か、働くということはどういうことかを考えさせるきっかけを与えることが採用のミスマッチを防ぐとともに、結果として採用活動のコスト効率を高めることにつながると思われる。

3 大学に求められる対策

学生に対するキャリア支援

若年層の職業観や職業意識を醸成するのに、大学の果たす役割は大きい。学生の職業観や職業意識を醸成していく役割を担う大学に求められているのは、第五章で指摘したように、学生の資格取得や将来に向けてのキャリア・デザインをサポートするキャリア支援機能である。もちろん、就職戦線を勝ち抜くためのノウハウの伝授や良質な就職情報の提供を否定するわけではないが、今大学に求められているのは長期的視点にたったキャリア支援機能である。大学院進学者や海外留学者の増加に見られるように、大学生の進路も多様化しており、就職のみでなく、資格取得や将来に向けたキャリア・デザインに関するアドバイスの重要性が高まっている。先進的な大学で就職部の名称を従来の就職部からキャリアセンターに変更する動きがあるのは、こうしたことが背景になっているものと思われる。キャリアセンターのサービス提供は、なにも現役学生に限定する必要性はなく、卒業生のOB・OGにも開放していくことが必要と思われる。新卒無業者や大卒フリーターは大学卒業後、就職に必要な情報から隔離された状態にあり、就職に関する情報提供とキャリアに関するアドバイスを望んでいる。卒業生に対する就職情報の提供やキャリアに関するアドバイスは、国の提供する雇用サービスを代替する効果があり、大学の社会貢献にもなりうる。少子化により大学の生き残り競争が激化するなか、こうした卒業生に対する就職やキャリアに対するサービスの提供は、卒業生の大学に対するアイデンティティや母校愛を醸成し、自分の子女の母校への進学を優先させる潜在的効果が期待できるものと思われる。

長期インターンシップの導入

大学がキャリア支援機能を果たしていくためには、就職部門スタッフのキャリアカウンセリングのスキルの向上は必要不可欠であるが、教学におけるキャリア教育のあり方も大きなポイントとなる。キャリア教育の具体的な展開方法やその内容に関しては、第五章で詳しく述べているので、本章での重複は避ける。ここではキャリア教育の一環で実施されているインターンシップについて述べることとする。第三章で見てきたように、インターンシップは多くの大学で教科としてその導入が増加しているが、実態は夏期休暇中の二週間程度を活用したものが多い。二週間程度のインターンシップでも、実際の実習体験を通して働くとはどういうことか、自分のやりたいことは何かなど、職業観や職業意識の醸成には役にたつものの、あまりにも期間が短すぎて学生、企業の双方にとっても消化不良の感がある。最近ではインターンシップも第二段階に入ったことが指摘されており、今後は学生の職業観の醸成や職業能力の向上の観点から長期インターンシップが望まれる。長期インターンシップの期間は一カ月～三カ月程度が妥当で、これまで以上に企業に過重の負担を強いることとなる。したがって、大切なのは企業が長期インターンシップを過重な負担として捉えるのではなく、新たな付加価値を生むものとして認識できるような内容にすることが肝要である。たとえば学生に市場調査をやってもらい、その結果を報告してもらったり、あるいは新製品開発のアイデアづくりに参加してもらうなど、企業にとってメリットがあるものにする必要がある。と同時に、企業サイドにおいても、企業のニーズに応じたインターンシップや職業訓練を実施し、意欲のある学生の職業能力を高めるようなプログラムづくりが求められる。このような長期インターンシップは、学生の職業意識の醸成や職業能力の向上にもつながり、企業、学生の双方にとってメリットが大きく、その運用如何によっては雇用に結びつく可能性も高いものと思われる。

大学教育のブラッシュアップ

大学が大卒フリーターや新卒無業者を出さないためには、キャリア教育を通して職業観や職業意識を醸成するのみならず、それと並行して教育内容も見直していく必要がある。一般に、大学での学習内容は企業に入って直接的には役に立たないとされている。ダイエーの創業者である中内功氏は新入社員教育を「型はめ教育」と比喩した。型はめ教育とは、社員教育を通してダイエーに必要なビジネスのノウハウや業務知識、さらには企業理念を新入社員にすり込み、ダイエー流のビジネス・パーソンに育て上げることを指している。これは裏を返せば大学を中心とする学校で学ぶ内容が企業にそのまま活かせないことを物語っている。大学は今後、企業が必要とするニーズにあった人材を育成・輩出すべく、新たな教育内容を付加していく必要がある。新たな教育内容としては、起業家の育成を目指すベンチャー実践講座、リーダーシップ講座、問題解決実践講座、コミュニケーション講座、ビジネスシミュレーション講座などが考えられる。こうした新たな教育内容は大学人として育ってきた現在の教授陣だけでは実施がむずかしく、産学交流を通じて教えられる人材を産業界などから調達する必要がある。

4　親に求められる対策

親子間における企業に対する評価の違い

私が学生の就職指導をしていて毎年直面する問題が一つある。それは学生が自ら選び、内定を獲得した会社に対する評価が親子間で異なることが原因で、就職先を変更せざるをえない状況が発生することを指している。なかには企業に対する親子間の評価の違いが原因で就職浪人をせざるをえない学生まで発生したこともある。私のこれまでの指導経験に照らして言うならば、こうした問題は地方から東京に出てきている学生において顕著に見られた。

ところで、このような企業に対する親子間の評価の違いは一体なにが原因で発生するのであろうか。その一つは親の企業に対する評価はイメージを最優先しているからである。たとえば、親はテレビ、新聞、雑誌などの企業ＰＲからのイメージやその企業の製品に対するイメージなどで企業の良し悪しを決めているケースが多く見られる。

二つ目は親の企業に対する評価は企業規模や上場企業であるかどうかなど、形式的基準に基づいていることが原因となっている。企業の寿命三〇年説に見られるように、企業にもライフサイクルがあり、上場企業や歴史のある有名企業が必ずしも未来永劫的にエクセレント・カンパニーとは言えない。また、最近ではこれまでのように、経済性のみを追求するエクセレント・カンパニーよりも、経済性と人間性を同時追求するエレガント・カンパニーの方が企業の目指すべき方向として正しいとする考えすら出てきている(8)。

三つ目は親子間における会社観、仕事観の違いが原因となっている。図表7-1に見られるように、親の世代は会社に対する帰属意識が強く、個人にとって会社の存在が最も大きく、人生や生活の中心となっている。まさに、この世代の就職が「就社」と言われる所以である。仕事は会社のなかに内包され、プライベートは滅私奉公に象徴的に見られるように、ほとんど認識されることが少ない。それに対し、子ども世代は仕事志向が強く、会社に対する帰属意識は低い。つまり、仕事を通じた自己実現が最も重要な指標となっている。この世代の就職がまさに職に就くという「就職」と言われる所以である。また、滅公奉私に象徴されるように、子ども世代は仕事とプライベートの両立志向が強い。こうした両者における会社や仕事に対する価値観の違いが、親はどこの会社に入るかを最優先し、子は会社よりもどんな仕事ができるかを最優先するといった違いにつながっているものと思われる。

大切なのは、親が自分の強い思いこみや企業に対するイメージで、子どもが選んだ(内定した)

図表7-1　親子間における仕事、会社、プライベートの関係の比較

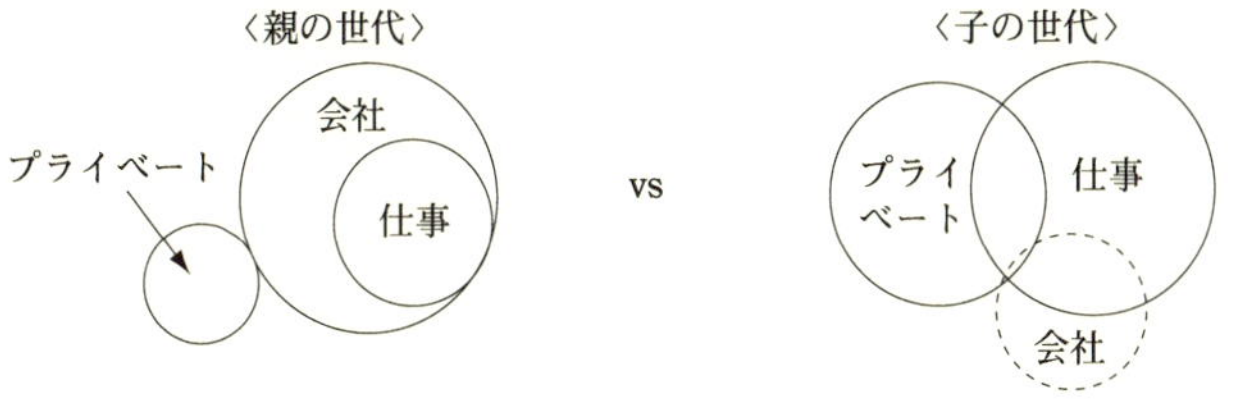

資料出所：リクルート『Works』vol.68（2005.02.03）8頁より作成

会社を評価し、その結果を子どもに無理強いするのではなく、子どものやりたいこと、得意なこと、職業適性などを中心に、子ども自らの会社選択・職業選択を尊重することである。当然、子どもに対し業界や会社に対する有益な情報を提供したり、精神的なサポートを施すことが大切であることは言うまでもない。なかでも、子どもの職業適性や性格分析に対する親のアドバイスは重要と思われる。また、親の独りよがりな企業に対するイメージ評価から、子どもに安易な形で就職浪人を勧めるようなことがないよう留意しなければならない。こうした安易な就職浪人はフリーターやニート、パラサイトシングルの誕生につながる危険性があることを親は理解すべきである。少子化にともない、親子間の精神的依存度が強まるなか、親には子の精神的、経済的自立を促すようなキャリアアドバイスが今後ますます求められるであろう。

注

（1）詳しくは若者自立・挑戦戦略会議の平成一六年一二月二四日発表の「若者の自立・挑戦のためのアクションプラン」（ピックアップN0.5）を参照。

（2）ＹＥＳ-プログラムにおける就職基礎能力は、①コミュニケーション能力、②職業人意識、③基礎学力、④ビジネスマナー、⑤資格取得（情報技術・経理・財務・語学力）の五分野から成り立っている。

（3）詳しくは日本経団連・日本商工会議所の「若者を中心とする雇用促進・人材育成に関する共同宣言」（二〇〇三年五月一三日）を参照。

（4）日本経済団体連合会経営労働政策委員会『経営労働政策委員会報告』（二〇〇五年版）日本経団連出版二〇〇四年、三五-三八頁。

（5）詳しくはリクルートワークス研究所『Works』Vol.53（二〇〇二年八-九月）におけるグローバルＣＵ現象に関する特集を参照。

（6）リクルートワークス研究所『Works』Vol.49（二〇〇一年一二月-〇二年一月）二六頁。

（7）リクルートワークス研究所『Works』Vol.53（二〇〇二年八-九月）三一頁。

（8）赤岡は経済性と人間性を同時追求する企業体を今後の企業モデルと位置づけ、経済性のみを追求してきた従来のエコノミック・アニマル的企業モデルに対し、「エレガント・カンパニー」と呼んでいる（詳しくは赤岡功『エレガント・カンパニー』有斐閣、一九九三年を参照）。

参考文献

安達智子　2004 「大学生のキャリア選択――その心理的背景と支援」『日本労働研究雑誌』No.533

安達智子・東清和編　2003 『大学生の職業意識の発達』学文社

阿部由紀子　1997 「就職市場における大学の銘柄効果」中馬宏之・駿河輝和編『雇用慣行の変化と女性労働』東京大学出版会，第5章

伊藤正史・三上明道　2004 「若者の就業・自立を支援する政策の展開と今後の課題――無業者に対する対応を中心として」『日本労働研究雑誌』No.533

今田幸子　2000 「働き方の再構築――多様化し混迷する勤労意識のゆくえ」『日本労働研究雑誌』No.479

岩井紀子・佐藤博樹編　2002 『日本人の姿 JGSS にみる意識と行動』有斐閣

上田晶美・細田咲江　2001 『就職できない！』角川書店

梅澤正　2001 『職業とキャリア』学文社

大久保幸夫編　2002 『新卒無，業。』東洋経済新報社

太田聰一　2002 「若年失業の再検討：その経済的背景」玄田有史・中田喜文編『リストラと転職のメカニズム』東洋経済新報社，第11章

太田肇　1997 『仕事人の時代』新潮社

角方正幸　1998 「各調査からみる採用行動の分析」『日本労働研究雑誌』No.457

金井壽宏　2002 『働くひとのためのキャリア・デザイン』PHP 研究所

香山リカ　2004 『就職がこわい』講談社

神田道子・女子教育問題研究会編　2000 『女子学生の職業意識』勁草書房

木谷光宏　2003 「大学生の就職活動と企業の採用動向に関する一考察——就職自由化時代の就職・採用活動の実態——」『明治大学社会科学研究所紀要』第42巻第1号
黒澤昌子・玄田有史　2001 「学校から職場へ——「七・五・三」転職の背景」『日本労働研究雑誌』No.490
玄田有史　2001 『仕事のなかの曖昧な不安』中央公論新社
玄田有史・曲沼美恵　2004 『ニート』幻冬舎
河野員博　2004 『現代若者の就業行動』学文社
古閑博美編　2001 『インターンシップ』学文社
小杉礼子編　2002 『フリーター自由の代償』日本労働研究機構
小杉礼子　2003 『フリーターという生き方』勁草書房
———— 2004 「若年無業者増加の実態と背景」『日本労働研究雑誌』No.533
———— 2004 「若者の価値観と雇用」雇用振興協会編『民間企業における高学歴者大学卒・大学院修了の採用・育成・活用』財団法人雇用振興協会，第2節
後藤宗理・大野木裕明編　2003 『現代のエスプリ：フリーターその心理社会的意味』至文堂
雇用情報センター編　1995 『大学等卒業後の就職活動に係る調査研究報告書』
———— 2002 『通年採用に関する調査研究報告書』
厚生労働省編　2004 『平成16年版労働経済白書』ぎょうせい
E. H. シャイン　1991 『キャリア・ダイナミクス』二村敏子・三善勝代訳、白桃書房
———— 2003 『キャリア・アンカー』金井壽宏訳、白桃書房
社会経済生産性本部・日本経済青年協議会編　2004『平成16年度新入社員「働くことの意識」調査報告書』
鈴木敦雄　2001 「大学新卒者の採用・就業行動の変化——リクルート社の調査を中心として」『日本労働研究雑誌』No.490
ライル M. スペンサー、シグネ M.スペンサー　2001 『コンピテンシー・マネジメントの展開』梅津祐良・成田攻・横山哲夫訳、生産性出版

橘木俊詔　2004　『脱フリーター社会』東洋経済新報社
F. テンニェス　1954『ゲマインシャフトとゲゼルシャフト』杉之原寿一訳、理想社
内閣府編　2003　『平成15年版国民生活白書』ぎょうせい
中根千枝　1967　『タテ社会の人間関係』講談社
中村清　2001　『大学変革哲学と実践——立命館のダイナミズム』日経事業出版
永野仁　2002　「大学生の就職活動とその成果」『日本労務学会誌』第4巻第1号
永野仁編　2004　『大学生の就職と採用』中央経済社
21世紀職業財団　2000　『「大卒者の採用状況及び総合職女性の就業実態調査」結果報告書』
————　2001　『「新規大卒者の就職活動等実態調査」結果報告書』
日本経済団体連合会　2004　『2003年度・新卒者採用に関するアンケート調査集計結果の概要』
日本経済団体連合会経営労働政策委員会編　2004『経営労働政策委員会報告』日本経団連出版
日本経済新聞社編　2004　『働くということ』日本経済新聞社
日本進路指導学会編　1996　『キャリア・カウンセリング』実務教育出版
日本労働研究機構編　1992　『大学就職指導と大卒者の初期キャリア』調査研究報告書 No.33
————　1994　『大卒就職指導と大卒者の初期キャリア（その２）』調査研究報告書 No.56
————　1999　『変化する大卒者の初期キャリア』調査研究報告書 No.129
————　2000　『フリーターの意識と実態』調査研究報告書 No.136
————　2001　『日欧の大学と職業』調査研究報告書 No.143
————　2001　『大都市の若者の就業行動と意識』調査研究報告書 No.146
根本孝　2002　「新学卒者の就職とRJP（現実的仕事情報）の実態」『経営論集（明治大学）』50巻第１号

――――　2003　『就職力』ビジネス社
――――　2005　『どうする就職』TAC株式会社出版事業部
濱中義孝　1998　「就職結果の決定要因」岩内亮一・苅谷剛彦・平沢和司編『大学から職業へII』広島大学大学教育センター，第3章
樋口美雄　2001　『雇用と失業の経済学』日本経済新聞社
平沢和司　1995　「就職内定企業規模の規定メカニズム」苅谷剛彦編『大学から職業へI』広島大学大学教育センター，第4章
平野光俊　1994　『キャリア・ディベロップメント』文眞堂
松尾孝一　1999　「90年代の新規大卒労働市場」『大原社会問題研究所雑誌』vol.482
丸山俊　2004　『フリーター亡国論』ダイヤモンド社
宮城まり子　2002　『キャリアカウンセリング』駿河台出版社
宮本みち子　2004　「社会的排除と若年無業――イギリス・スウェーデンの対応」『日本労働研究雑誌』No.533
村上龍　2003　『13歳のハローワーク』幻冬舎
本寺大志　2000　『コンピテンシーマネジメント』日経連出版部
森田英一　2004　「インターンシップ活用法」労務行政研究所『労政時報』第3635号
文部省編　1998　『インターンシップ・ガイドブック』
矢島正見・耳塚寛明編　2001　『変わる若者と職業世界』学文社
安田雪　1999　『大学生の就職活動』中央公論新社
――――　2003　『働きたいのに…高校生就職難の社会構造』勁草書房
谷内篤博　1994　「価値観の多様化と人事管理――若い世代の価値観の多様化を中心として」『経営論集（文京女子大学経営学部）』第4巻第1号
――――　2000　「若年層における価値観の多様化とそれに対応した雇用システム」『岐阜を考える特集：雇用（No.106）』岐阜県産業経済振興センター
――――　2001　「新しい能力主義としてのコンピテンシーモデルの妥当性と信頼性」『経営論集（文京学院大学経営学部）』

第11巻第1号
山田昌弘　1999　『パラサイト・シングルの時代』筑摩書房
吉本圭一　1998　「学校から職業への移行の国際比較」『日本労働研究雑誌』No.457
リクルートワークス研究所　2001　『Works：企業と大学の新しい関係。』vol.49
――――　2002　『Works：グローバルCU現象――学習と経営の融合』vol.53
――――　2003　『Works：新卒採用の新たな潮流』vol.61
――――　2004　『Works：大卒フリーターの未来を探せ』vol.65
――――　2005　『Works：若手を活かす』vol.68
立教大学編　2003　『雑誌「立教」特集：立教のキャリア教育』第187号冬号
労働省編　2000　『平成12年版労働白書』日本労働研究機構
労務行政研究所　1997　『労政時報：新卒採用・選考の新潮流』第3288号
――――　2001　『労政時報：2001年度就職・採用活動に関する企業側・大学側の指針』第3477号
――――　2001　『労政時報：変わる企業の採用事情』第3485号
――――　2003　『労政時報：労働者派遣事業の運営状況（2001年度・厚生労働省）』第3572号
――――　2003　『労政時報：採用連動型インターンシップ』第3582号
脇坂明・冨田安信編　2001　『大卒女性の働き方』日本労働研究機構
渡辺三枝子・E. L. ハー　2001　『キャリアカウンセリング入門』ナカニシヤ出版

著者略歴
1953年　石川県に生まれる
1978年　早稲田大学法学部卒業
1992年　筑波大学大学院教育研究科修士課程（カウンセリング専攻）修了。上場企業の人事部、住友ビジネスコンサルティング（現、日本総研）、三和総合研究所（現、UFJ総研）等を経て
現　在　実践女子大学人間社会学部教授
主　著　『人的資源管理要論』（編著）晃洋書房、2000年
『知識創造型の人材育成』（共著）中央経済社、2003年
『人事マネジメントハンドブック』（編著）日本労務研究会、2004年
『働く意味とキャリア形成』勁草書房、2007年
『日本的雇用システムの特質と変容』泉文堂、2008年
『インドネシアとベトナムにおける人材育成』（編著）八千代出版、2010年
『個性を活かす人材マネジメント』勁草書房、2016年ほか。

大学生の職業意識とキャリア教育

2005年7月15日　第1版第1刷発行
2020年9月25日　第1版第6刷発行

著　者　谷《や》　内《ち》　篤《あつ》　博《ひろ》
発行者　井　村　寿　人

発行所　株式会社　勁《けい》　草《そう》　書　房
112-0005　東京都文京区水道2-1-1　振替　00150-2-175253
（編集）電話 03-3815-5277／FAX 03-3814-6968
（営業）電話 03-3814-6861／FAX 03-3814-6854
港北出版印刷・松岳社

ISBN978-4-326-65306-5　　Printed in Japan